Corina Lendfers (Hrsg.)

Für immer ICH selbst

Mutige und inspirierende
Lebensgeschichten von Frauen

Bibliografische Information der Deutschen
Nationalbibliothek:
Die Deutsche Nationalbibliothek verzeichnet diese Pu-
blikation in der Deutschen Nationalbibliografie; detail-
lierte bibliografische Daten sind im Internet über
http://dnb.dnb.de abrufbar.

ISBN: 9783748130383
© 2018, Corina Lendfers
       Bahnhofstrasse 88
       D-88682 Salem
       www.corinalendfers.com

Lektorat: Corina Lendfers
Covergestaltung: Christine Fischer
Porträtfotos: Autorinnen
Herstellung und Verlag: BoD- Books on Demand
D-22848 Norderstedt

Inhalt

7

Ein Wort zuvor

Wenn ich ehrlich bin, mag ich keine sozialen Medien. Sie stehen uns Lebenszeit, die wir im direkten physischen Austausch mit anderen Menschen, mit einem guten Buch in der Badewanne oder bei einem erfrischenden Spaziergang im Wald bereichernder verbringen könnten. Sie verfügen über ein gewisses Suchtpotential und verbreiten leider auch ganz schön viel Unwahrheit, Aggression und Intoleranz.

Und trotzdem habe ich dieses Buch genau diesen ungeliebten Medien zu verdanken, denen ich mich aus beruflichen Gründen nicht gänzlich entziehen kann. In einer neu gegründeten facebook-Gruppe wurden die Frauen dazu aufgefordert sich vorzustellen. Dabei stieß ich auf so viele spannende und inspirierende Lebensgeschichten, dass ich gar nicht anders konnte, als ein Buch daraus zu machen. Ich las schon immer gerne Biographien bekannter Persönlichkeiten, aber diese Geschichten aus dem „normalen" Leben waren mindestens so packend.

Ich initiierte – auf facebook – ein Buchprojekt und sammelte Geschichten. Mein einziger Anspruch war, dass sich Frauen melden sollten, die ihren eigenen Weg gefunden hatten – wie auch immer er aussah. Es musste ihr Weg sein, unbeeinflusst von gesellschaftlichen, familiären oder partnerschaftlichen Erwartungen – der Weg, der ihnen ihr Herz wies.

Hier erzählen nun fünfzehn Frauen aus ihrem Leben. Einige von ihnen schreiben nur unter ihrem Vornamen oder unter Pseudonym, um sich vor gewalttätigen Exmännern oder Verurteilungen aus ihrem Umfeld zu schützen. Ihre Geschichten, so unglaublich sie sein mögen, sind dennoch wahr, ihre Namen sind mir als Herausgeberin bekannt.

Die Geschichten sind so vielfältig wie das Leben selbst, aber sie haben alle eins gemeinsam: Sie sind echt und sie sind stark. Sie sollen motivieren, das eigene Leben kritisch zu hinterfragen, sie sollen inspirieren und Mut machen, anstehende Veränderungen in Angriff zu nehmen.

Denn es ist *unser* Leben, und wir tragen die Verantwortung dafür! In diesem Sinne wünsche ich Ihnen, liebe Leserin, lieber Leser, berührende und inspirierende Lesestunden.

Herzlich, Corina Lendfers
November 2018, Santa Marta, Kolumbien

Lebensgeschichten als Wegweiser

„Soll ich wirklich meine Geschichte aufschreiben? Ist sie für irgendwen lesenswert? Kann ich das überhaupt?"

Uta beginnt ihre Geschichte mit diesen Fragen, und ich weiß, dass sich viele andere Frauen mit denselben Zweifeln herumgeschlagen haben, bevor sie mir zu- oder abgesagt haben, als ich sie bat, mir ihre Lebensgeschichte zu erzählen.

Auf diese Fragen gibt es nur eine akzeptable Antwort: Ja, ihr könnt es, und ja, eure Geschichten sind lesenswert! Jede einzelne! Genauso, wie jede Frau liebens- und begehrenswert ist.

Woher kommen diese Selbstzweifel? Eigentlich, so müsste man meinen, sollten sie im Zuge der Emanzipation verschwunden sein.

Mit rationalem Denken hat das nichts zu tun. Längst sind in unseren westlichen Gesellschaften Männer und Frauen vor dem Gesetz gleich, Frauen studieren an Universitäten und regieren Staaten, sie sind in allen Berufen, egal ob männlich oder weiblich geprägt, vertreten, sie fahren Auto, gehen alleine aus und leben nicht selten ein bewusst gewähltes, glückliches Singledasein. Aber all diese äußerlichen Entwicklungen sagen nicht viel über das Innenleben von uns Frauen aus.

Viele der hier erzählten Lebensgeschichten sind geprägt durch die Beziehung der Frauen zu einem Mann. Häufig wird die Aussage gemacht (wörtlich oder sinngemäß): „Er machte mich klein." In vielen Beziehungen, die sich ihrem Ende zuneigten, „ließ er kein gutes Haar an mir", „wertete meine Arbeit ab", schlicht: versuchte der Mann meist erfolgreich, das Selbstbewusstsein der Frau zu untergraben.

Warum geschieht so etwas? Um die Frau am Fortgehen zu hindern, um sein eigenes Versagen zu vertuschen, als Ventil für Druck und Aggression aus der Arbeitswelt – die Gründe mögen vielfältig sein, aber das Ergebnis ist immer dasselbe: Das Selbstbewusstsein und damit die Selbstliebe der Frau nehmen ab, und so geschwächt lässt sie sich auf den nächsten Partner ein. Kommen dann noch belastende Situationen aus Beruf oder näherem Umfeld dazu, stoßen viele Frauen an ihre Grenzen. Eine negative Spirale, ein Ausstieg ist schwierig und braucht Kraft.

Die Frauen, die hier erzählen, haben es geschafft. Einige haben mit Krankheiten gelebt, andere wurden von Männern psychisch oder physisch misshandelt. Einige kämpften um das Sorgerecht ihrer Kinder oder um eine selbstbestimmte Geburt, und wieder andere folgten einfach ihrem Herzen und gestalteten ihr Leben aus sich heraus. Sie alle sind keine Superwomen, sondern Frauen von nebenan, die ihre innere Stimme gehört und sie ernst genommen haben. Sie alle waren einsam und auf sich selbst zurückgeworfen, sie alle haben in der Einsamkeit ihren Weg erkannt und die Kraft gefunden, ihn vertrauensvoll zu gehen.

„Mutig sein bedeutet nicht, keine Angst zu haben, sondern es trotzdem zu machen." Dieser Satz aus dem Text von Karin Gümmer bringt es auf den Punkt. In welche Lebensumstände wir auch immer hineingeboren werden, welche „Schicksalsschläge" uns ereilen, wir können jederzeit lernen, achtsam und aufmerksam uns selbst und unseren Bedürfnissen gegenüber zu sein. Wir können lernen, unser Leben selbst in die Hand zu nehmen. Aller Angst zum Trotz.

Dabei gelten keine Argumente wie: „Aber ich trage die Verantwortung für meine Kinder, ich kann nicht einfach gehen." Oder „Wenn ich meinen Job künde, finde ich keinen neuen mehr." Oder „Mein Mann braucht mich, er bringt sich um, wenn ich ihn verlasse." Oder „Was denken meine Freunde und meine Familie, wenn ich nun plötzlich nur noch für mich schaue?"

Die persönliche Komfortzone zu verlassen – selbst dann, wenn sie bei genauem Hinsehen gar nicht so komfortabel ist, wie wir uns vormachen – kostet Überwindung. Zu einfach und verlockend ist es, sich dem allzu Vertrauten hinzugeben, dem

Partner, dem Chef, der Familie, den Ärzten, den Lehrern oder den Freunden die Verantwortung für das eigene Befinden zu überlassen.

Ich gebe zu: Wer die Verantwortung abschiebt, kann durchaus auch ein Leben in Freiheit führen. Frei von Selbstbestimmung, Eigenverantwortung, kräftezehrenden Entscheidungsprozessen, anstrengender Beziehungsarbeit, kritischem Infragestellen gesellschaftlicher Normen. Frei von der Auseinandersetzung mit sich selbst, seinen ureigenen Bedürfnissen, Talenten und Begabungen. Es ist alles eine Frage der Perspektive. Und des Anspruchs an die eigene Zufriedenheit, das ganz persönliche Seelenheil.

In mir lebt die tiefe Überzeugung, dass wir auf dieser Welt sind, um das Potential, das in uns steckt, gewinnbringend zu entfalten. Gewinnbringend nicht dahingehend, dass wir davon steinreich werden und uns in einer Millionärsvilla hinter mannshohen Mauern von der Restwelt abschotten. Das wäre ein verkürztes Gewinnverständnis. Wir sind hier, um unsere ureigenen Stärken zu leben, sei es, dass sie sich darin äußern, anderen Menschen zu helfen, oder eine geniale Erfindung zu machen, die die Welt vor dem Ersticken im Plastikmüll rettet, oder kluge Texte zu produzieren, die zum besseren Verständnis des Lebens auf der Erde beitragen, oder um die Lederschildkröten vor dem Aussterben zu retten. Im Detail betrachtet ist es unwichtig, für welche Aufgabe wir hier sind, welchen Sinn wir für uns selbst entdecken. Es zählt lediglich, *dass* wir erkennen, weshalb wir leben.

Natürlich sind wir ein kleines Rad im Weltgetriebe. Aber wenn sich dieses kleine Rad mit Liebe dreht, dann wird sich auch das Nachbarrad mit Liebe drehen, und was auch immer wir bewegen, es wird besser sein, als es vorher war.

Darum lohnt es sich eben doch, sich auf den Weg zu machen. Nie aufzuhören Fragen zu stellen: Bin ich noch am richtigen Ort in meinem Leben? Nähren mich die Beziehungen, in denen ich stecke? Schlafe ich gut? Wache ich morgens mit Freude auf? Bekomme ich mindestens soviel Energie zurück, wie ich verbrauche? Spüre ich Liebe in mir?

Wenn ich eine einzige dieser Fragen mit nein beantworten muss, ist es Zeit, aufzubrechen. Nicht immer ist ein Rundumschlag notwendig. Nicht immer muss die Scheidung eingereicht, der Job gekündigt, aus dem Gesellschaftssystem ausgestiegen und ausgewandert werden. Erkenntnis ist der erste Schritt auf dem Weg zur Verbesserung. Das heißt nichts anderes, als dass meistens bereits das geschärfte Bewusstsein zu einer Verbesserung der Situation führt, indem kleine Veränderungen vorgenommen werden. Anstatt nach der Arbeit in facebook zu hängen, mache ich einen Spaziergang durch den Wald oder gehe in den Fitnessraum. Anstelle von fünf Tassen Kaffee trinke ich zwei Liter Kräutertee. Der Fernseher wird ausgeschaltet, wenn die Kinder von der Schule nach Hause kommen, und anstelle der Pizza vom Kurier kochen wir gemeinsam.

Doch trotz aller Achtsamkeit ist eine radikale Veränderung hin und wieder das einzig Richtige. Dann gilt es in erster Linie loszulassen. Das Vertraute – Positives wie Negatives –, die vermeintlichen Sicherheiten, vor allem aber die Angst vor der Veränderung und vor den Konsequenzen.

Alle Frauen in diesem Buch haben losgelassen. Einen Partner, ein Kind, gute Freunde, einen Job, eine Krankheit, ein vertrautes Umfeld, eine Illusion und nicht selten sich selbst oder zumindest die Hülle, von der sie glaubten, dass sie sie gewesen wären. Loslassen kann schmerzhaft sein, wird aber mit Freiheit belohnt.

Wenn wir loslassen gehen wir einen Schritt auf unserem eigenen Lebensweg, einen Schritt in die richtige Richtung. Und häufig brauchen wir Wegweiser auf unserem Weg durchs Leben. Diese Geschichten sollen als Wegweiser dienen. Sie sind so vielfältig, dass es wohl kaum eine Leserin geben wird, die nichts für sich selbst daraus mitnehmen kann. Und sei es schlicht die Erkenntnis, dass wir nicht allein sind auf dieser Welt mit unseren Herausforderungen. Die Geschichten sind Liebeserklärungen an sich selbst und an das Leben.

Schatten unter dem Herzen –
Diagnose Brustkrebs

von Gerlinde David

Wo fängt man eine Ge-
schichte über sein Leben
an? Ohne lange darüber
nachzudenken, kam ich sofort zurück zu diesem
unvermeidlichen Tag:

Kurz vor meinem 50. Geburtstag entdeckte meine
Frauenärztin „etwas" in meiner Brust. Ich versuchte sie – und mich – zu beruhigen, da ich in meinem
Lebensplan keinen Platz für so „etwas" wie Krebs
hatte. Es folgten weitere Untersuchungen und ich
fand mich auf der Onkologie wieder. *Hier gehöre
ich doch gar nicht hin*, dachte ich zu Anfang, *dies
ist alles nur ein großer Irrtum.*

> *„Ich hatte in meinem Lebensplan keinen
> Platz für so etwas wie Krebs."*

Mein Onkologe saß mit der Diagnose vor mir.

„Muss ich überhaupt etwas machen lassen?" fragte ich ihn, „schließlich bin ich 50, geschieden und mich braucht kein Mensch auf der Welt."

Er sagte ganz erstaunt: „Sie sind ERST 50!"

Was ging mir in diesem Moment durch den Kopf? Beide Brüste voller Krebs, Entfernung beider Brüste und vielleicht noch Chemotherapie? Zu diesem Zeitpunkt, wo mein Leben gerade wieder lebenswert wurde? Mein Leben flog wie im Zeitraffer an mir vorbei:

Kurz vor meinem 18. Geburtstag war ich zu Besuch bei meiner Oma in Koblenz und verliebte mich Hals über Kopf, sowohl in das Rheinland als auch in einen grünäugigen Binnenschiffer. Mit dem Abitur in der Hand und dem Vorsatz, jetzt Gärtnerin zu werden, startete ich in die große weite Welt, wobei der Binnenschiffer bereits nicht mehr an mich dachte. Egal.

Ich stürzte mich ins Leben, machte meine Ausbildung zur Gärtnerin, und einige Jahre vergingen, bis ich meiner großen Liebe begegnete. Morgens auf dem Parkplatz stieg neben mir ein junger Mann aus einem Auto und ich war hin und weg. Er begann im gleichen Baumarkt zu arbeiten wie ich. Meine Gedanken damals waren: *Ein wunderschöner junger Mann, den will ich heiraten.*

Doch vorerst kam es ganz anders. Es folgte ein ganzes Jahr, in dem nur die Fetzen flogen, da wir uns überhaupt nicht verstanden. Er kündigte schließlich und lud mich zum Essen ein, als Wiedergutmachung für den ganzen Ärger. Drei Tag später zog ich zu ihm, drei Monate später heirateten wir. Happy End! Zwei wunderbare Kinder zogen wir groß, kauften alte Häuser, die wir renovierten, gründeten ein Haustechnikunternehmen und wurden ein erfolgreiches Unternehmerpaar. Ein Vorzeigeehepaar, welches sich viele als Vorbild nahmen.

23 glückliche Jahre zogen ins Land und ich wurde immer kranker und fetter, dafür gibt es keine schöneren Worte. Ich bekam Migräne und war jeden Winter ständig erkältet. Die Spirale aus Reichtum anhäufen, erfolgreich sein und Probleme lösen drehte sich unaufhörlich. Ich hatte keinerlei finanzielle Sorgen und ein repräsentatives Zuhause – und fühlte mich dennoch seit bald 30 Jahren nie heimisch dort, wo ich war.

Irgendetwas stimmte nicht mit mir.

An einem 50. Geburtstagsfest saß ich alleine zwischen den Menschen und schaute urplötzlich von oben auf mich selbst herab. *Was machst Du hier? Nächstes Jahr ist dies dein 50. – und dann?*

Ich horchte in mich hinein, hatte irgendwie Angst, mir laufe die Lebenszeit davon. Und wo war meine Liebe zu dem Mann an meiner Seite geblieben? Ich fühlte mich leer und ausgelaugt.

Ein Besuch bei meinem Bruder in meiner Heimat Niedersachsen ließ mich aufleben, aber als ich wieder zurückfuhr, schnürte mir mein altes Leben erneut die Kehle zu. Ich hatte das Gefühl zu ersticken. Aus einer Trennung auf Probe wurde eine Scheidung, eine hässliche Geschichte, die ich heute noch bedauere, weil ich vielen Menschen sehr wehgetan habe.

Ein gutes halbes Jahr nach der Trennung und einem Umzug nach Niedersachsen merkte ich, dass ich wieder so gesund war wie früher. Ich hatte keine Migräne mehr, keine einzige Erkältung. Ich ordnete mein Leben neu, ging täglich schwimmen, genoss meine Freiheiten.

Und nun saß ich da mit der Diagnose, die erneut mein Leben auf den Kopf stellte: Brustkrebs Stufe G 3.

„Irgendeinen tieferen Sinn musste es doch haben, dass ich diese Krankheit jetzt bekam."

Nach einer tränenreichen Nacht bei meinem Brüderchen und viel Wein entschloss ich mich, doch den Kampf gegen den Krebs aufzunehmen. Ich hatte zwar das Gefühl, mein Leben wäre erfüllt und ich hätte alles erlebt, was ich jemals hatte tun wollen, aber irgend einen tieferen Sinn musste es doch haben, dass ich diese Krankheit jetzt bekam.

Nach der OP wurde mir mitgeteilt, dass doch noch eine Chemotherapie notwendig sei. Wieder ging eine Welt für mich unter! Wie sollte ich das alleine bewältigen? Nur Krankengeld, kein Partner, der mir Händchen hielt. Verzweiflung machte sich breit, aber gleichzeitig kam mein Mut zurück. Mein Weg, mit diesem Schicksal fertig zu werden, war der, über Facebook alles zu veröffentlichen, was mir geschah. Ich musste mein Leid teilen, damit es leichter wurde. Und siehe da, ich bekam Unterstützung von Freunden und mir fremden Menschen. So viel Liebe bekam ich!

Ich verlor meine Haare, Augenbrauen und Wimpern und entdeckte, worauf es eigentlich ankommt als Mensch. Wenn nichts mehr deiner Äußerlichkeiten übrig bleibt, dann zählt nur noch deine Persönlichkeit.

Mein Versuch, möglichst wenig krank zu sein, um nicht ins Krankengeld zu fallen, schlug nach vier Monaten fehl. Freitags Chemotherapie und montags wieder ins Büro – mein Körper war irgendwann am Ende seiner Kräfte.

„Wenn nichts mehr deiner Äußerlichkeiten übrig bleibt, dann zählt nur noch deine Persönlichkeit."

Doch irgendwann hatte ich die letzte Chemo hinter mir. Geschafft! Es folgte eine Reha, und dann kam ich zurück ins Leben.

Dachte ich. Aber es gab kein Zurück mehr. Es fühlte sich alles falsch an. Ich suchte meinen Weg und fand ihn nicht mehr. In mir dominierte das Gefühl, von dieser ganzen Zuwendung, die ich in meinen dunklen Stunden bekommen hatte, einen Teil an die Menschen zurückgeben zu wollen. Ich ließ mir meinen Leitspruch auf den Oberarm tätowieren: *Follow your heart*.

Ich suchte mir einen neuen Arbeitsplatz in meinem alten Beruf als Gärtnerin. Mit 51 Jahren und 80% Behinderung geht das nicht, war der Tenor in meinem Umfeld. Es klappte binnen eines Tages. Ich erholte mich körperlich und seelisch immer mehr, genoss meine zweite Chance auf ein neues Leben und erlangte nach und nach mein Selbstbewusstsein wieder. Zwei Jahre vergingen, und Schritt für Schritt sah ich klarer und lebte jeden Tag bewusster.

Dann kam dieses vollkommen verrückte Jahr 2018. Ich fand eine neue Wohnung in einem alten Bauernhof, und bei der ersten Besichtigung hatte ich das Gefühl: *Ja, hier bin ich angekommen*. Ich hörte noch mehr auf mein Herz, trennte mich von unguten Beziehungen und machte mich endlich frei. Diese Energie, die dadurch ins Fließen kam, trug mich immer weiter. Wie ein Puzzle fügten sich plötzlich alle Teile zusammen.

In meine Heimat zog Richard ein, ein gehörloser alter Kater, der mir die Angst vor dem Alleinsein nahm. Geduldig sein und loslassen können. Immer und immer wieder und jeden Moment genießen. Ich fühlte mich endlich auch als Frau wieder attraktiv.

Eines Tages rief mich eine Freundin an, die ich vor drei Jahren in der Onkologie kennengelernt hatte. Ihr Krebs war wieder da und sie machte sich auf den Weg zu sterben. Ich begleitete sie auf die Palliativstation und eine Seelsorgerin kam an ihr Bett.

Dieser Augenblick, als diese Frau sprach, war für mich wie eine Erleuchtung, auch wenn das jetzt kitschig klingen mag. In diesem Moment wusste ich, wohin mein Weg führen musste: Ich wollte bei diesen Menschen sein, die niemanden hatten, die Leid alleine ertragen mussten, die eine Hand brauchten, ein Herz, das für sie schlug, und eine liebevolle Umarmung. Diese Liebe, die ich geben konnte, kam tausendfach zurück, erfüllte mich mehr als es jemals ein Mann in meinem Leben vermochte.

Mittlerweile bin ich ehrenamtlich im Krankenhaus und bei Besuchsdiensten tätig und diese Arbeit ist sinnvoll. Ja, SINNVOLL!

*„Ich habe Krebs bekommen, um mich
von einer leeren Hülle in einen offenen,
liebenden Menschen zu verwandeln."*

Aber hat mir das gereicht? Nein! Ich habe mein
Heim geöffnet. Wieder über Facebook biete ich
nun mein Gästezimmer Menschen an, die eine
Auszeit brauchen, aus welchen Gründen auch immer. Wir kochen zusammen, arbeiten im Garten
und tauschen uns aus. Ich lerne dabei viel über
mich selbst und jeder meiner Gäste nimmt auch etwas mit in sein Leben, wenn er meine Geschichte
hört.

Meine Geschichte ist noch lange nicht zu Ende.
Ich habe Krebs bekommen, um mich von einer leeren Hülle in einen offenen, liebenden Menschen zu
verwandeln. Ich habe eine Aufgabe bekommen,
durch mein Vorbild etwas zu verändern. Vielleicht
nur mit kleinen Kreisen, aber es werden täglich
mehr.

Zurück zu diesem verrückten Jahr 2018. Ich habe
mittlerweile einen Karrieresprung hingelegt und
werde Gartencenterleiterin (mit jetzt 53!). Ich habe
bei www.brustkrebstattoos.de gewonnen und ein
kostenloses Narbentattoo bekommen und ich darf
an diesem Buch mitschreiben.

Es kommt alles zurück, was man sät, und ich säe
Liebe in die Welt, denn meine Liebe ist für alle da.

Loslassen und Vertrauen – Schicksalspfade im Amazonas

von Alina Graf de Yasacama

Ich wurde 1980 in Polen geboren, wo ich die ersten sieben Jahre meines Lebens verbrachte, gemeinsam mit meiner Zwillingsschwester, einer älteren Schwester sowie meinen Eltern. Mein Vater war ein bekannter und begehrter KfZ-Meister, der eine eigene Werkstatt führte, die einzige in einem weiten Umkreis. Er arbeite Tag und Nacht, wir Kinder bekamen nicht viel von ihm mit. An seiner Stelle war mein Großvater für uns da, sein Vater. Für uns Kinder am Wichtigsten war meine Mutter, die mit uns viel Arbeit und viele Sorgen hatte. Meine Zwillingsschwester und ich waren oft krank. Meine Mutter ist sehr liebevoll, sie ist für Kinder geboren.

Als ich fünf Jahre alt war, verließ mein Großvater auf Drängen seiner zweiten Frau Polen und fuhr zu ihr nach Deutschland. Von dort aus schrieb er eine Einladung für unsere Familie, damit wir nachkommen konnten. Das war 1985, also nur wenige Jahre vor der Öffnung der Grenzen.

Mein Vater wollte ihm unbedingt folgen, er hatte all sein Vermögen für diese Reise gespart und erhoffte sich ein besseres Leben in Deutschland. Meine Mutter und wir Kinder verstanden nicht, warum er unsere Heimat verlassen wollte. Es ging uns in Polen sehr gut, wir waren anerkannt und hatten viele Freunde.

1988 fuhren wir dann auch nach Düsseldorf. Aber anstatt zu meinem Großvater kamen wir in Flüchtlingsheime. Wir verstanden kein Wort Deutsch und konnten uns nicht wehren. Wir hatten gehofft, mein Großvater würde uns helfen, aber plötzlich stießen wir auf Ablehnung.

„Wenn ihr glaubt, dass wir euch helfen, so täuscht ihr euch." Das waren die Worte von Vaters Stiefmutter. Für mich war es das Schlimmste, nach der langen Trennungszeit vor meinem Großvater zu stehen und nicht von ihm in den Arm genommen zu werden. Wahrscheinlich traute er sich vor seiner Frau nicht, die ihn unter Kontrolle hatte und die viel Unfrieden und Streit in unsere Familie brachte.

Meine Eltern lernten rasch Deutsch und fanden beide in kurzer Zeit eine Arbeit. Während mein Vater anfangs in der Schwermetallverarbeitung und später wieder in der Autobranche tätig war, ließ sich meine Mutter, die gelernte Hebamme war, zur Altenpflegerin umschulen und arbeitete in einem Altersheim.

Beide arbeiteten sehr hart. Trotzdem waren wir plötzlich angewiesen auf Kleider- und Spielzeugspenden. Meinem Vater machte das alles sehr zu schaffen. Sein Traum von der großen Freiheit war zerplatzt, und in uns Kindern fand er immer öfter ein Ventil für seinen inneren Druck und seine Frustration.

Wir Mädchen wurden eingeschult und lernten Deutsch. Da unsere Eltern mit der Arbeit überlastet waren, waren wir oft auf uns allein gestellt und mussten früh selbständig werden. Rückblickend empfinde ich es so, dass ich mit dem Umzug nach Deutschland meine Kindheit verloren habe.

Nach der obligatorischen Schulzeit entschied ich mich gegen den Willen meines Vaters fürs Fachabitur und stieg in die Immobilienbranche ein. Ich machte die Ausbildung zur Immobilienmaklerin in einer renommierten Firma, die Immobilien in der oberen Preisklasse verkaufte.

„Ich dachte, ein Mann, eine Partnerschaft, würden mich glücklich machen."

Mit 23 Jahren zog ich auf Wunsch der Firma nach Salzburg. Aus dem einen Jahr, das ich ursprünglich in Österreich verbringen wollte, wurden zehn. Ich fühlte mich in Salzburg nie wohl, kam nie richtig dort an. Ich hatte große Sehnsucht nach meiner Familie, ich bin hochsensibel und tief emotional.

Ich dachte, ein Mann, eine Partnerschaft, würden mich glücklich machen und ging darum immer wieder verschiedene Beziehungen ein. Die Trennungen taten sehr weh und brauchten Zeit. Dann versuchte ich, das Alleinsein als Bereicherung zu sehen, aber so richtig, ehrlich, gelang es mir nicht.

2008 lernte ich einen bekannten und begehrten Junggesellen kennen, Vater von zwei Kindern mit einer Villa auf dem Millionärshügel. Er war ein Macher, ein energiegeladener Sportler, ein Mensch, der immer in Bewegung war und immer Abwechslung brauchte. Er träumte von einer gemeinsamen Zukunft mit mir und sorgte sich um mich. So motivierte er mich dazu, mich beruflich selbständig zu machen, was ich 2011 auch wagte. Ich bekam die Immobilienmaklerkonzession und gründete meine eigene Firma.

Die Selbständigkeit tat mir gut. In den Jahren davor hatte ich mich zum Workaholic entwickelt, viel zu viele Überstunden gemacht, war gesundheitlich ständig angeschlagen gewesen bis hin zum Burnout. Mit meiner eigenen Firma arbeitete ich nun netto drei Monate pro Jahr und die restliche Zeit nutzte ich für mich, um mich zu erholen. Ich unternahm Skitouren und stieg auf Berge. Mein Job als Immobilienmaklerin ermöglichte mir diesen Freiraum. Mit etwas Glück finanzierte mir der Verkauf einer einzigen Immobilie ein ganzes Jahr.

Ich lebte immer bescheiden, in Mietwohnungen, um mich nicht zu binden, sondern mir die Freiheit zu bewahren, jederzeit abbrechen und neu anfangen zu können.

Unsere Partnerschaft war ein ständiges Auf und Ab. Trotzdem zog ich 2013 zu meinem Freund in seine Villa, denn trotz aller Zwistigkeiten war er meine große Liebe und ich wollte herausfinden, ob es nicht doch langfristig klappen könnte. Doch die Unstimmigkeiten wurden immer größer und häufiger. Unter anderem sehnte ich mich schon immer nach eigenen Kindern, und obwohl er zu Beginn unserer Beziehung auch damit einverstanden gewesen war, wollte er später nichts mehr davon wissen. So zog ich nach wenigen Monaten und einer schmerzhaften Trennungsphase wieder aus.

In der Wohnung eines Freundes fand ich Unterschlupf, begrenzt auf ein Jahr. In diese Wohnung verliebte ich mich richtiggehend und fühlte mich zum ersten Mal seit meiner Ankunft in Salzburg zuhause. Gerne wäre ich dort geblieben, ich fand dort meine Mitte.

„Ich wollte mich außerhalb all dieser Systemzwänge kennenlernen, herausfinden, wofür ich wirklich brannte, wofür mein Herz schlug."

Doch das Leben gönnte mir keine lange Atempause. Kurz nach meinem Umzug starb mein geliebter Großvater. Der Verlust traf mich, obwohl ich froh war, dass er nach zehn Jahren von seiner Alzheimer Erkrankung erlöst wurde. Trotz Drängen und Unverständnis meiner Familie reiste ich nicht zu seiner Beerdigung nach Düsseldorf, sondern fuhr mit einer Freundin nach Griechenland. Wir hatten die Reise schon lange im Voraus geplant, und es fühlte sich für mich richtig an, dort von meinem Großvater Abschied zu nehmen. Während einer Woche machte ich täglich Zeremonien für ihn, schrieb ihm Briefe und verabschiedete ihn, auf einem Hügel, umgeben von Steinen mit Blick aufs Meer. Ich konnte ihn loslassen und spürte gleichzeitig seine enorme Liebe – gerade so, als ob sie jetzt, mit seinem Tod, wieder frei fließen konnte, ohne Einschränkung durch seine Frau.

Durchs Loslassen und die gleichzeitige tiefe Verbundenheit wurde eine große Energie freigesetzt. Zum ersten Mal fragte ich mich, was ich selbst wollte. Ich begann das westliche Gesellschafts- und Wirtschaftssystem in Frage zu stellen – arbeiten, um viel Geld zu verdienen, immer nur Arbeiten, um konsumieren zu können. Ich spürte, dass ich etwas in meinem Leben ändern musste, um mich nicht selbst zu verlieren und um meine Seele zu schützen. Da keimte der Wunsch in mir, auf eine längere Reise zu gehen. Ich wollte mich außerhalb all dieser Systemzwänge kennenlernen, herausfinden, wofür ich wirklich brannte, wofür mein Herz schlug.

Zurück in Salzburg, deckte ich mich mit Atlanten und Geoheften über alle möglichen Länder der Welt ein, um meine Reise zu planen. Ich gab mir für die Vorbereitungen ein Jahr Zeit.

Dann lernte ich einen Mann kennen, der seine Frau und zwei Kinder verlassen hatte, um sein Leben, das ihm über den Kopf gewachsen war, neu zu organisieren. Wir wurden ein Liebespaar, und gemeinsam mit ihm, einer seiner reiseerfahrenen Schwestern und ihrem Freund träumte ich vom Reisen. Ich wollte nach Südamerika, er im selbst ausgebauten Jeep nach Südafrika. Nach einer gemeinsamen Fahrt nach Sardinien und einigen Streitigkeiten trennten sich unsere Wege wieder.

Allerdings löste in mir die Aussicht, nun doch alleine auf Weltreise gehen zu müssen, große Ängste aus. Ich war immer schon ein Mensch mit 1000 Ängsten – dass etwas Schlimmes passieren könnte oder sogar, dass ich vor lauter Langeweile sterben würde. Ich hatte die Hosen voll, wollte aber meinen Plan trotzdem durchziehen, ohne alle Sicherheiten. Denn trotz aller Angst hatte ich verstanden, dass es im Leben keine Sicherheit gibt.

Ich nahm Kontakt mit einer Griechenlandbekanntschaft auf. Der 30 Jahre ältere Herr sagte spontan zu, mich auf dem ersten Teil meiner Reise nach Costa Rica zu begleiten. Früher hatte er Weltreisen für Gutbetuchte organisiert und war jahrelang auf der ganzen Welt unterwegs gewesen.

„Trotz aller Angst hatte ich verstanden,
dass es im Leben keine Sicherheit gibt."

Bei meiner Ankunft in Zentralamerika öffneten sich viele Schleusen, die Salzburger Jahre der Einsamkeit wollten verarbeitet werden. Ich ließ mich auf diese Seelenreinigung ein.

Heftig schwankend zwischen depressiv und dankbar wurde ich gleichzeitig mit den sexuellen Annäherungsversuchen meines Reisepartners konfrontiert. Er machte mir klar, dass er sich von dieser Reise versprach, dass ich mich im Alter um ihn kümmern würde. Ich war verärgert und verletzt, wollte aber trotzdem noch nicht auf seine Begleitung verzichten. Noch fühlte ich mich nicht stark genug, meinen Weg alleine fortzusetzen. Mein Reisepartner hatte ja berufsbedingt sehr viel Erfahrung, von der ich profitieren konnte. Ich durchlief eine harte Schule mit ihm, aber ich bin froh darum.

Heute bin ich ruhiger, weiß, dass sich auch knifflige Situationen lösen lassen. Spanisch und Englisch lernte ich in Südamerika, gestartet war ich nur mit Polnisch und Deutsch.

Nach vier Wochen verließen wir Costa Rica, das uns zu US-amerikanisch geprägt war, und reisten nach Nicaragua. Das Land beeindruckte mich sehr durch seine vielfältige Landschaft. In Nicaragua trennte ich mich von meinem Reisepartner. Ich besuchte einen Spanischkurs und lernte Porträtzeichnen. Ein besonderes Highlight war ein internationales Literaturfestival, das ich miterleben durfte.

Da ich permanent um Geld angehauen wurde, sobald ich preisgab, dass ich eine ledige Immobilienmaklerin aus Europa war, gab ich mich sehr bald als Studentin in fester Beziehung aus. Obwohl ich mir fest vorgenommen hatte, immer bei der Wahrheit zu bleiben, erleichterte mir diese kleine Maskerade die Reise doch erheblich.

Nach Nicaragua verbrachte ich kurze Zeit mit einem Bekannten aus Deutschland in Kuba, bevor ich erneut mit meinem ehemaligen Reisepartner durch Kolumbien reiste. Während dieser Reise machte er mir drei Heiratsanträge, die ich alle ablehnte. Er blieb jedoch hartnäckig und gab erst auf, nachdem ich in Ecuador meinen späteren Ehemann kennengelernt hatte. Das kam so:

Ich wohnte bei der Colibri-Züchterin Miriam in Otavalo im Norden Ecuadors, half beim Kochen, Restaurieren und verbrachte dort zwei kreative Monate. Auf dem Tiermarkt erfüllte sich Miriam einen Traum und erstand ein Lama für ihren großen Garten. Ich verliebte mich in ein Ziegenbaby, das künftig gemeinsam mit dem Lama die Wiesen mähte. Ich kümmerte mich mit Hingabe um diese kleine Ziege und merkte, dass mir ein Lebewesen fehlte, dem ich meine Liebe weitergeben, für das ich sorgen konnte.

Da ich noch immer an meiner ersten großen Liebe hing und spürte, dass ich mich aus eigener Kraft nicht von ihm lösen konnte, suchte ich Hilfe bei drei verschiedenen Schamanen, die mich mit den unterschiedlichsten Ritualen behandelten. Alle drei aber prophezeiten mir, dass ich hier meine wahre Liebe finden und zwei Kinder mit ihr haben würde. Ich, der die Ärzte in Deutschland gesagt hatten, ich würde keine Kinder bekommen können.

Nach sieben Monaten auf Reisen war mir alles andere als nach wahrer Liebe zumute. Ich spielte bereits mit dem Gedanken, wieder nach Hause zu fliegen, war ein wenig reisemüde und sehnte mich nach Regelmäßigkeit. Allerdings fand ich keinen Flug und beschloss, bis zur Sonnenwendfeier zu bleiben.

„Ich verliebte mich Hals über Kopf – und flüchtete sogleich vor dieser so ganz und gar irrationalen Liebe."

Auf dem Fest begegnete ich dem Medizinmann Nantu, einem Amazonas-Indianer. Seine Erscheinung mit dem langen, schwarzen Haar, seine Augen und sein sanftes Wesen ließen mich nicht mehr los. Ich verliebte mich Hals über Kopf – und flüchtete sogleich vor dieser so ganz und gar irrationalen Liebe. Doch sie siegte, und nur wenige Tage später kehrte ich zurück. Als wir uns in die Arme schlossen, war es wie Heimkommen.

Zwei Wochen später heirateten wir in Quito in einer ganz kleinen Zeremonie. Im MacDonalds warteten wir auf unseren Trauungstermin – ich, die Immobilienmaklerin aus Europa, Nantu, der Indianer aus dem Amazonas, zwei polnische Reisefreunde mit ihren Rucksäcken, meine Freundin Juliana mit ihren beiden Mädels, die ihre Kommunionskleider trugen und einige Indianerfreunde. Unser Hochzeitsessen bestand aus Pizza und Bier, begleitet von indianischer Musik. Die ganze Situation war völlig absurd.

Es gab auch Details, die mich irritierten. Beispielsweise, dass für Nantu Polygamie selbstverständlich war oder dass ich immer alles für ihn bezahlte und er überhaupt kein eigenes Geld besaß. Aber diese Tatsachen blendete ich aus, sie waren in dieser irgendwie magischen Phase nicht relevant.

Nach der Hochzeit reiste ich mit Nantu in den tiefen Dschungel zu seinem Großvater, lernte verschiedene indianische Kommunen kennen. Zu dem Zeitpunkt war das Wunder bereits geschehen: Ich war schwanger! Mein allergrößter Herzenswunsch ging in Erfüllung!

Sechs Wochen lang lebte ich mit Nantu im Amazonas-Regenwald. Doch dann wurde ich sehr krank – vermutlich hatte ich mir durch das Trinkwasser aus dem Fluss, in dem auch gebadet und gewaschen wurde, einen schweren Infekt zugezogen. Ich spürte, dass ich mein Kind verlieren würde, wenn ich nicht sofort in einem europäischen Krankenhaus behandelt werden würde.

So flog ich schweren Herzens zurück nach Europa. Dort stellte sich heraus, dass ich eine bakterielle Infektion hatte, die eine lange Heilungszeit von fünf Monaten benötigte, während derer ich nicht reisen sollte.

Meine Familie war in Deutschland, Nantu in Ecuador und ich alleine in Österreich, ohne Auto und ohne Wohnung. Die fand ich dann zwar, war aber finanziell sehr knapp dran. Zwischendurch erreichte mich die Hiobsbotschaft, dass mein Mann mit einer anderen Frau zusammengekommen war und mit ihr ein Kind gezeugt hatte.

Ich weinte viel, fühlte mich einsam. Ich sammelte Geld, um für Nantu den Flug hierher zu bezahlen, damit er bei der Geburt seiner Tochter dabei sein konnte. Es gelang mir, aber ein Tag vor dem Abflug verschwand er wieder im Dschungel. Das war 2016, als ich meine Tochter zur Welt brachte.

Inzwischen bin ich sehr ernüchtert. Wir haben Kontakt, auch mit seiner anderen Frau. Anfangs wollte sie mich loswerden, doch nach zwei Jahren stieg sie auf mein Friedensangebot ein und seither lässt sie mich in Ruhe.

Als ich mir die Wohnung nicht länger leisten konnte, fragte ich meine erste große Liebe an, ob er was für mich wüsste. Ohne zu Zögern stellte er mir kostenlos sein familiäres Ferienhaus in den Bergen zur Verfügung, wohin ich mit meiner Tochter zog.

Nun steht bereits die nächste Veränderung an. Ich muss aus dem Haus ausziehen, da mein Exfreund sich neu verliebt hat und das Familiendomizil wieder für Skiurlaube nutzen möchte. So musste ich eine Entscheidung treffen.

Um mir eine Mietwohnung in Salzburg leisten zu können, müsste ich Vollzeit arbeiten und meine Tochter fremd betreuen lassen, da ich ja keine Familie in Österreich habe. Ich möchte aber mein Kind aufwachsen sehen und sehe zudem auch nicht ein, warum ich so viel arbeiten soll, bloß um ein Dach über dem Kopf finanzieren zu können. Aus diesen Gründen habe mich entschlossen, zu meiner zweiten Familie nach Ecuador zu ziehen.

„Das Leben sorgt für mich, das spüre ich tief in mir drinnen, und das durfte ich bis jetzt schon öfter erfahren."

Gemeinsam mit meinen Herzensfreundinnen Miriam und Juliane werde ich versuchen, verschiedene Projektideen zugunsten der Indianerkinder zu realisieren. Für meine Tochter und Nantu wird es das erste Treffen sein. Wie es mit ihm und mir weitergehen wird, ist noch offen. Im Moment fühlt sich für mich eine Scheidung richtig an – zu viele Vertrauensbrüche sind in den vergangenen drei Jahren passiert.

Auch habe ich gemerkt, dass ich keinen Mann an meiner Seite brauche. Das Leben sorgt für mich, das spüre ich ganz tief in mir drinnen und das durfte ich bis jetzt auch schon oft erfahren.

Wie auch immer es weitergehen wird, aus meiner Liebe zu Nantu nehme ich meine Tochter mit. Sie ist ein unheimlich offenes, warmherziges, lebhaftes Kind, das ohne Ängste und in völliger Distanzlosigkeit auf fremde Menschen zugeht und jeden zum Freund erklärt. Ein Mädchen, das wohl die ganze Welt in seine kleinen Arme nehmen würde, wenn es das könnte.

Aufstieg von ganz unten –
Die Kraft des Glaubens

von Jessica Verfürth

Ich bin Jessica, 32 Jahre alt. Meine Eltern waren beide suchtkranke Menschen. Mein Vater war spiel- und drogensüchtig und meine Mutter ist nach wie vor Alkoholikerin und drogenabhängig mit diversen psychischen Krankheitsbildern. Sie pflegt all dieses bis heute in einem Ausmaß, das ich mir nicht mehr mitansehen kann. Deshalb habe ich den Kontakt zu ihr eingestellt. Mein Vater ist 2017 nach einem langen Kampf gegen den Krebs verstorben.

Als meine Mutter mit mir schwanger wurde, war für sie klar, dass sie mich nicht behalten wollte. Sie hatte schon zwei Kinder, die bei meiner Uroma lebten. Aufgrund ihres Lebensstils, einem Mix aus Drogen, Partys und Selbstzerstörung, war es besser, dass sie ein „kinderfreies Muttersein" lebte.

Doch mein Vater wollte mich unbedingt. Wahrscheinlich, weil er sich so sehr eine heile Familie wünschte. Er selbst war ohne Mutter aufgewachsen, da diese in seiner Kindheit verstorben war.

Das Glück meiner frischgebackenen Eltern hielt nicht lange. Ihre Süchte brachen durch und in unserer Familie waren Alkohol, Drogen, Streit und häusliche Gewalt seitens meiner Mutter an der Tagesordnung. Als sie gegen meinen Vater so gewalttätig wurde, dass anwesende Partygäste dazwischen gehen mussten, um ihn zu beschützen, verließ er sie – und mich gleich mit.

Bald lernte er eine neue Frau kennen und gründete eine neue Familie, der Kontakt riss ab. Ich sah ihn das letzte Mal bei meiner Einschulung und dann erst wieder neun Jahre später, als ich im Heim wohnte.

Meine Mutter geriet im Teufelskreis aus Alkohol, Drogen und Gewalt immer tiefer. Dazu verschrieb sie sich der Esoterik, hantierte mit Tarotkarten, Wahrsagerei und Heilsteinen und interessierte sich in ihren nüchternen Phasen zunehmend für Okkultismus. Sie erzählte mir immer wieder, dass sie eine Hexe wäre, dass sie Gott nicht kennen und das Universum unser Schicksal in den Händen halten würde.

„Sie verprügelte uns Kinder regelmäßig im Alkohol- und Drogenrausch."

Parallel dazu geriet sie an immer schlimmere Männer, die gegen sie gewalttätig waren, und auch ihre Gewalttätigkeit nahm zu. Sie verprügelte uns Kinder regelmäßig im Alkohol- und Drogenrausch.

Wir waren ihr ausgeliefert und versuchten irgendwie zu überleben. Jeder von uns dreien entwickelte eine eigene Strategie. Mein Bruder, der Älteste von uns, versuchte es mit Coolness und lachte meine Mutter aus, wenn sie ihn schlug. Meine Schwester reagierte mit Gleichgültigkeit und ich mit Mitleid.

Ich will nicht sagen, dass meine Strategie die dümmste war, aber ich geriet in eine Co-Abhängigkeit zu ihr. Ich versuchte zu vertuschen, zu entschuldigen und sie so zu manipulieren, dass sie nicht mehr ausrastete und ihren Selbsthass an uns ausließ. Natürlich war das ein Spiel, das ich nicht gewinnen konnte.

Meine Geschwister flohen nach und nach aus unserer Familie. Mein Bruder zog zu meiner Oma und meinem Opa, meine Schwester ging ein Jahr nach ihm zu ihrem leiblichen Vater.

Nachdem meine Geschwister gegangen waren, bekam ich die geballte Wut und den Hass meiner Mutter ab. Sie begann sich in meiner Anwesenheit die Arme aufzuschneiden. Manchmal blutete es so sehr, dass ich glaubte, sie würde verbluten. Während sie sich selbst verletzte und ich versuchte, sie davon abzuhalten, schrie sie mich wie eine Besessene an: „Ich hasse dich, ich wünschte du wärst tot, ich bringe dich um!"

Diese Sätze begleiteten mich durch die folgenden Jahre. Trotzdem wollte ich meine Mutter vor weiteren Verletzungen beschützen. Bei jedem ihrer Versuche, mit dem Trinken aufzuhören, hoffte ich, dass sie es schaffen würde. Aber jeder Rückfall wurde schlimmer. Mit dreizehn Jahren hielt ich es nicht mehr aus und zog ins Heim.

Dort bekam ich durch einen Zufall die Kontaktdaten meines Vaters. Ich rief ihn an und nach einigen Wochen wollte er, dass ich bei ihm lebte. Ich zog zu ihm und er bekam das Sorgerecht für mich.

Doch bald wurde ihm klar, er konnte mich nicht aushalten. Ich war ein völlig gestörter, verletzter Mensch. Alles, was ich gelernt hatte, war, wie ich mich und andere verletzen konnte. So wollte mich der einzige Mensch, der mich je gewollt hatte, auch nicht mehr.

Ich zog zu meiner großen Schwester und wurde kurz darauf schwanger. Mit vierzehn! Ein Hoffnungsschimmer für mein Leben, denn ich hatte die Schule abgebrochen, nahm Drogen und trank Alkohol. Alles erschien sinnlos und ich hatte keine Perspektive.

Ich brachte mein Leben in Ordnung, ging in eine Mutter-Kind-Schule, bezog eine eigene Wohnung, die meine Mutter anmietete und die vom Sozialamt finanziert wurde.

Zum ersten Mal lebte ich in geordneten Verhältnissen. Ich lernte auf der Mutter-Kind-Schule, was ein Baby benötigte, um gut versorgt zu sein, ich lernte mit meinem Geld zu wirtschaften und ich begann mich für Okkultismus zu begeistern. Ich kaufte haufenweise Bücher und praktizierte viele Rituale. Auch solche, die nicht nur Gutes bewirken sollten.

Bald lernte ich einen Jungen kennen, meine erste große Liebe. Ich war fünfzehn und er sechzehn, und obwohl ich schon ein Kind hatte, wurden wir ein Paar. Eineinhalb Jahre On/Off-Beziehung quälten uns beide. Wir liebten uns, aber wir schafften es nicht, gut miteinander umzugehen. Es endete endgültig, nachdem er eine andere Frau geschwängert hatte.

Ich trauerte über ein Jahr. Es ging mir schlecht. Dieser Junge hatte es geschafft, dass ich mich öffnete, ja sogar zu meiner Mutter Distanz gewinnen konnte, trotz Co-Abhängigkeit. Und dann endete es so schmerzhaft.

Ich versuchte mich mit Partys, Sex und Shopping abzulenken und ebnete damit verschiedenen Süchten den Weg in mein Leben. Auch eine Essstörung, die sich in meiner Kindheit in mir breit gemacht hatte, brach aus. Trotz alledem schaffte ich es irgendwie, mich um mein Kind zu kümmern. Immer, wenn ich ausging, um „Dampf" abzulassen, brachte ich es bei einem Babysitter unter. Und wenn wir zusammen waren, blieb ich clean und war seine Mama.

„Ich versuchte mich mit Partys, Sex und Shopping abzulenken und ebnete damit verschiedenen Süchten den Weg in mein Leben."

Dann lernte ich einen Mann kennen, der mich vom ersten Moment an in seinen Bann zog. Er schien mein Romeo zu sein, allerdings in der „Bad Boy"-Version. Und obwohl wir uns ein Jahr lang kennen lernten, bevor wir zusammen kamen, entpuppte er sich nach und nach zu meinem schlimmsten Alptraum.

Ich war neunzehn Jahre alt, als wir uns entschieden eine Beziehung einzugehen. Damals war ich ihm schon hörig. Nicht nur, dass wir gemeinsam Drogen nahmen, wenn wir uns trafen, um die ganze Nacht Sex zu haben, sondern er hatte mich, meine Gedanken und meine Gefühle das ganze Jahr lang manipuliert. Als wir zusammen kamen, kündigte ich meine Wohnung, meinen Job und den Kindergartenplatz und zog zu ihm in die Stadt, in der er lebte.

Es dauerte keine drei Monate, bis er das erste Mal zuschlug, natürlich im Suff. Ich verzieh ihm sofort, denn ich kannte das alles doch so gut aus meiner Kindheit. Auch die nächsten Male konnte ich für mich unter dem Deckmantel der Liebe und einer Extraportion Make-up verstecken.

Als ich realisierte, was wirklich vor sich ging, war es zu spät. Ich war gefangen in einem Nebel aus Liebe, Hoffnung, Angst und einer neuen Form der Co-Abhängigkeit, die ich in dem Ausmaß noch nicht kannte.

Es wiederholte sich, was ich meine ganze Kindheit erlebt hatte. Nur war ich diesmal die Erwachsene, aber ich schlug ihn nie. Ich traute mich irgendwann nicht einmal mehr zu weinen, wenn er mich würgte, mit den Fäusten in mein Gesicht schlug und sich das Blut in meinem Mund sammelte.

Ich wurde schwanger. Er verprügelte mich dennoch und ich verlor das Baby fast. In diesem Moment wusste ich, ich musste weg. Es dauerte dennoch noch über ein Jahr bis, ich fliehen konnte.

In den letzten Wochen dieser Beziehung fing ich immer, nachdem er mich misshandelt hatte, an, auf dem Badezimmerboden zu knien und zu beten: „Bitte hilf mir, bitte, bitte hilf mir doch einer!" Ich wusste nicht, zu wem ich betete.

Er isolierte mich und lies mich glauben, dass das Haus, in dem wir lebten, von ihm abgehört würde. Also sprach ich mit niemanden über das, was geschah. Er drohte mir immer: „Wenn du mich verlässt, finde ich dich und bringe erst die

Kinder und dann dich um." Ich glaubte ihm. Ich wusste ja aus eigener Erfahrung, wozu er in der Lage war.

Es kam der Tag, an ich sicher war: *Heute wird er mich töten*. Er brachte meine Kinder zu seiner Mutter, das tat er sonst nie. Tagelang quälte er mich auf bestialische Art. Bis wir irgendwann einschliefen.

Im Traum hörte ich eine Stimme meinen Namen rufen. Ich wachte auf und ging zur Toilette. Ein Blick auf meinem misshandelten Körper lies mich hellwach werden. Ich wusste, das war mein Moment, der Moment, auf den ich solange gewartet hatte.

Der Moment meiner Flucht.

Ich rannte, so schnell ich konnte, nur mit einer Jogginghose, Schuhen, T-Shirt und Jacke bekleidet, durch den Schnee, hinaus in die eisige Nacht. Ich rannte in mein neues Leben, auch wenn ich nicht wusste, wie es aussehen sollte. Ich wollte nur meine Kinder holen und dann weg.

Bei seiner Mutter angekommen, stand ich so unter Schock, dass ich nicht sprechen konnte. Ich zeigte ihr meine Verletzungen und sie rief sofort die Polizei und den Krankenwagen.

Ich kam ins Krankenhaus und musste viele Untersuchungen über mich ergehen lassen. Die Polizei stürmte unser Haus, er war nicht mehr dort, aber es wurde Beweismaterial sichergestellt.

Wenig später stellte er sich und kam in U-Haft. Es folgten viele Anhörungstermine, ein langer öffentlicher Gerichtsprozess, und dann, nach Monaten endlich, kam das Urteil: Neun Jahre Haft!

Ich nahm meine Kinder und zog weit weg. Ich war zweiundzwanzig Jahre alt und wollte neu anfangen.

Doch die Folgen der letzten Jahre machten es mir unmöglich, ein qualitatives Leben zu führen. Ich litt an einer posttraumatischen Belastungsstörung, geprägt von schlimmen Flashbacks, Alpträumen, Panikattacken und Depressionen. Ich nahm starke Antidepressiva und Schlafmittel. Ich starrte den ganzen Tag die Wand an. Dazu zwei Kinder, die ebenfalls traumatisiert waren.

Obwohl ich so starke bewusstseinsbeeinträchtigende Medikamente nahm, war ein Gefühl vorrangig: Wut! Ich war unglaublich wütend, auf alles und jeden. Vor allem auf mich selbst. Denn ich hatte zugelassen, was dieser Mann mir angetan hatte, und ich hatte zugelassen, dass meine Kinder das miterleben mussten. Und suchte nach Antworten auf die Frage: „Warum ich?"

In meinem gesamten spirituellen Repertoire fand ich keine befriedigende Antwort. Ich suchte den Sinn meines Lebens. Es musste doch einen Grund geben, dass ich das alles in meinem Leben überlebte. Irgendjemand oder irgendetwas wollte, dass ich lebte, doch wer oder was?

Ich kannte Gott irgendwie, so wie ihn alle Menschen kennen. Man hat von ihm gehört, zu Weihnachten, Ostern und Pfingsten ganz besonders und den Rest des Jahres verschwindet er auf seiner Wolke am Himmel, beobachtet die Menschen und lässt alles auf der Welt geschehen.

Über meinen Vater kam ich in Kontakt mit der Kirche. In einem der ersten Gottesdienste, die ich in seiner Gemeinde besuchte, wurde mir klar, dass ich mit meinen Fragen und meiner Wut nur zu Gott gehen konnte. Und als der Pastor einen Aufruf machte, dass jeder mit einem gebrochenem Herzen nach vorne an die Kanzel kommen sollte, damit er für sie beten könne, dachte ich mir: „Was soll`s?" und ging hin.

„Das erste Mal nach dieser Hölle, die ich erlebt hatte, weinte ich."

Ich stand mit geschlossenen Augen vor der Kanzel und das Lobpreisteam sang. Der Pastor betete etwas und ich wurde so tief berührt, dass ich spüren konnte, wie mein Herz warm wurde. Ich fing an zu weinen. Das erste Mal nach dieser Hölle, die ich erlebt hatte, weinte ich.

Ich weinte eine gefühlte Ewigkeit. Und erzählte in meinen Gedanken alles Gott, alle meine Fragen, meine Vorwürfe, meine Ängste, meine Wünsche und Sehnsüchte. Als ich fertig war, fühlte ich mich sehr befreit und angenommen. Und ich wusste, dieser Gott liebt mich, er hat mich schon immer geliebt, er war es, der mich wollte, er war es, der wollte, das ich überlebte.

Das war der Beginn meines Heilungsprozesses. Ich ging unregelmäßig in die Gemeinde, aber jedes Mal nach dem Gottesdienst war ich wie aufgetankt.

Ich brauchte lange, bis ich bereit war, mich ganz auf Gott und auf das, was in der Bibel steht, einzulassen. Zwar wollte ich so sehr dieses neue Leben, von dem die Bibel spricht, aber ich wollte Jesus nicht die Führung überlassen und mein Leben nicht nach biblischen Prinzipen ausrichten. Ich wollte in meinem Leben bestimmen mit dem Ergebnis, dass sich kaum etwas veränderte.

Schuld, Angst, Bitterkeit, Wut und Minderwert sind die mächtigsten Gefühle, die uns binden können. Sie rauben uns Freude, Zuversicht, Liebe, Selbstvertrauen und Selbstliebe. Oft bestimmen sie unser Leben, unsere Beziehungen, unsere Entscheidungen und verhindern dadurch, unser Potenzial im Vollen auszuschöpfen.

„Schuld, Angst, Bitterkeit, Wut und Minderwert sind die mächtigsten Gefühle, die uns binden können."

Ich war voll mit all diesem Müll, getrieben von Wut gegen alles, was mir begegnete. Ich war nicht fähig zu lieben, mich selbst nicht und andere schon gar nicht, auch die Liebe, die eine Mutter ihrem Kind entgegen bringen sollte, war mir nicht möglich. Zu sehr waren Wut und Bitterkeit damit beschäftigt, meine Seele zu zerstören.

Hinzu kamen belastende Lebensumstände. Meine Tochter litt an Depressionen, mein Sohn, der aus der Beziehung zu diesem gewalttätigen Mann stammt, war traumatisiert und sein ADHS machte mir und seinem Umfeld das Leben zusätzlich schwer. Von meinem Mann ließ ich mich scheiden, weil ich nicht in der Lage war, seine Liebe anzunehmen, und heiratete ihn später ein zweites Mal. Und die Co-Abhängigkeit zu meiner Mutter machte es mir unmöglich, frei von Schulgefühlen zu leben.

Erst, als ich mich aus ganzem Herzen für Gott entschied, geschah etwas. Ich betete und war bereit, meine alten Angewohnheiten, schlechten Eigenschaften und meine Selbstzentriertheit abzulegen wie alte Kleider. Dies war der schmerzlichste Teil des Prozesses auf der Reise zu meiner inneren Freiheit und meinem wahren Ich.

Als ich ganze Sache mit Gott machte und Jesus mein Leben „übergab", hatte ich den tiefen Wunsch, alles von Grund auf zu erneuern. Mit Gott so richtig neu anzufangen. Ich begann Theologie zu studieren und absolvierte eine Ausbildung zum individual- psychologischen Systemberater. Ich suchte mir eine neue Ortsgemeinde und engagierte mich dort in verschiedenen Bereichen: Kinderkirche, Empfangsdienst, ich half, wo eine Hand gebraucht wurde und gründete den Sisterhood, eine Frauengruppe fürs Bibellesen, Beten und für Tipps, den Glauben praktisch zu leben. Ich gründete eine Großtagespflegestätte in der Gemeinde, in der ich heute nicht mehr tätig bin, da es mich beruflich in eine ganz andere Richtung gezogen hat.

Alle diese Abschnitte und Aufgaben in den letzten Jahren waren Bausteine und Lernfelder auf dem Weg in meine Berufung, den Sinn meines Lebens. Und bei alledem war Vergebung einer der wichtigsten Schlüssel. Das war der Schlüssel zu meiner psychischen Genesung. Dabei bestand die größte Herausforderung darin, mir selbst zu vergeben.

„Vergebung war der Schlüssel zu meiner psychischen Genesung. "

Heute entwickle ich tolle Projekte zusammen mit anderen sehr inspirierenden Menschen. Eines davon ist der „siegreich leben online Kongress", auf dem sich alles rund um die Frau dreht.

Meine Berufung zu leben ist das größte Geschenk, das ich erhalten habe. Im letzten Jahr habe ich meine Berufung zu meinem Beruf entwickelt und helfe nun Frauen dabei, ihre innere Stärke zu finden. Ich coache sie auf ihrem Weg in ihre Berufung und entwickle mit ihnen gemeinsam daraus ihren Beruf. Mein christliches online Beratungszentrum unterstützt durch Kompetenz-Lizenzen Coaches auf ihrem Weg in ihr erfolgreiches Unternehmen.

Nichts ist unmöglich. Die einzige Grenze, die uns davon abhält, das Leben zu leben, für das wir geboren wurden, ist in unserem Kopf!

Weil ich das weiß, sind wir gerade dabei, unser Leben nochmals zu verändern. Meine introvertierte Tochter ist von der Leistungsgesellschaft so erdrückt worden, dass sie keinen blassen Schimmer hat, was sie nun mit ihrem Schulabschluss anfangen möchte. Mein ADHS-Kind darf ohne Medikamente nicht in vollem Umfang am Unterricht teilnehmen. Es geht täglich zwei Schulstunden in die Schule. Alles was es weiß und gelernt hat, hat es zu Hause von mir beigebracht bekommen. Das stundenlange Lernpensum der Schule lässt sich zu Hause in weniger als einer Stunde umsetzten.

„Die einzige Grenze, die uns davon abhält, das Leben zu leben, für das wir geboren wurden, ist in unserem Kopf."

Mittlerweile haben mein Ehemann und ich noch ein gemeinsames Kind bekommen, das ich niemals in eine Krippe oder Kita bringen möchte, da ich nur zu gut weiß, wie qualitativ mangelhaft die Betreuung dort ist.

Um unser Leben ganz so leben zu können, wie wir es möchten, wagen wir den Schritt und verlassen Deutschland als unseren Hauptwohnsitz. Meine Tochter bekommt so die Möglichkeit, erst mal sich selbst zu finden und die Welt zu entdecken. Mein Sohn kann ohne Behördendruck frei lernen. Ich arbeite ortsunabhängig und kann mir meine Zeit frei einteilen, dadurch kann ich mein Baby betreuen und fördern. Es ist nie zu spät für einen Neuanfang!

Mehr von Jessica Verfürth auf www.siegreichlebenonlinekongress.de, Youtube: „COBZ christliches online Beratungszentrum", www.cobz.de, oder cobz.verfuerth@gmail.com

Das Licht in uns – Selbstbestimmt leben ohne Schulabschluss

von Cornelia Hein

Es gibt eine Rede von Nelson Mandela, in der ein Satz fällt, den viele gerne zitieren: *„Es ist unser Licht, nicht unsere Dunkelheit, das wir am meisten fürchten."* Innerhalb seiner Ansprache kann ich diesem Gedanken uneingeschränkt zustimmen, aus dem Kontext herausgerissen halte ich den Satz aber für falsch. Nicht wir fürchten uns vor unserer eigenen Größe bzw. unserem Licht, sondern die anderen. Jedenfalls machen sie uns das glauben. Viele Jahre lang, immer wieder. Mal deutlicher, mal subtiler.

Das fängt in der Kindheit an, wenn wir noch denken, einfach alles zu können und die anderen noch sicher sind, alles besser zu wissen, und es endet im hohen Alter, wenn man uns zum Trinken nötigt, obwohl wir die Quelle des Lebens gar nicht mehr haben möchten. Es sind nicht wir selbst, die nicht gerne besonders, wissend, einzigartig und gut genug sein wollen, sondern so viele Stimmen überall, die uns sagen, dass wir es nicht sind. Bis wir es irgendwann glauben und im wahrsten Sinne des Wortes „unser Licht unter den Scheffel" stellen.

„Jeder von uns hat in sich einen kleinen Funken, ein winziges Leuchten, das nie verglüht."

Diese Versuche, uns selbst kleiner zu machen als wir sind, sind nichts, was wirklich uns entspricht. Es sind Reaktionen, keine Kreationen. Man kann sich das wie eine Zwiebel vorstellen, mit vielen Häuten. Die eine Haut ist zum Beispiel ein dickes Fell, die andere ein geschminktes Clownsgesicht, die andere eine stachelige Haut wie die eines Igels. Jeder von uns hat sich andere Häute zugelegt. Genau die, die er braucht oder von denen er glaubt, sie zu brauchen. Sie alle schützen uns und jede hat ihre Aufgabe.

Sie schützen auch unser Licht, das tief drin in der Zwiebel wohnt. Eben dieses Licht, vor dem wir uns angeblich fürchten. Jeder von uns hat in sich einen kleinen Funken, ein winziges Leuchten, das nie verglüht. Der Schutz der Zwiebelhäute hält unser Licht zwar geborgen, aber durch die vielen Hüllen wird es gedämpft. Von außen ist es kaum zu erkennen und auch für uns selbst oft unsichtbar. Das Licht kann sich wegen der ganzen Schichten auch nicht ausdehnen, denn es mangelt an Platz und Sauerstoff.

Es schwelt also nur so vor sich hin und wärmt uns von innen, ohne dafür die Anerkennung zu bekommen, die es verdient hat. Es war schließlich immer schon da und was immer schon da war, bekommt selten Beachtung. Wäre dieses kleine Licht in uns größer oder würde gar wachsen und dadurch unsere Aufmerksamkeit erregen - hätten wir selbst damit ein Problem? Ich wüsste nicht, warum.

Ich war immer schon etwas eigenwillig und unorthodox. Etwas zu machen, weil alle es machten, erschien mir bereits als kleines Kind merkwürdig. Ich hatte ein sehr klares Bild davon, wie ich einmal leben und was ich beruflich machen würde. Ernst nahm das kaum jemand. Es waren für die anderen nur Träume eines kleinen Mädchens, das viel Phantasie und den Kopf in den Wolken hatte. Für mich war es eine Art Agenda und ich hielt an ihr fest, weil es gar keine Option war, es nicht zu tun.

„Etwas zu machen, weil alle es machten, erschien mir bereits als kleines Kind merkwürdig."

Oft stand ich vor dem Spiegel und betrachtete mein Gesicht. Ich stand dann da, schnitt Grimassen und fragte mich, ob das alles so stimmte. Ob das wirklich ich war, die da stand und die Zunge rausstreckte oder ob das nicht eine Art Bild war, ein Hologramm, das sich irgendjemand ausgedacht hatte. War das mein Leben? Oder nur ein Traum? Was, wenn ich aufwachte? Würden die anderen dann noch da sein?

Ich sprach nie über diese Gedanken und heute bin ich ganz froh darüber. Wer weiß, was sie mit mir gemacht hätten, hätten sie gewusst, dass ich solche Überlegungen anstellte. Zu verschiedensten Zeiten meines Lebens wäre es ein Leichtes gewesen, mir irgendeine psychische Störung anzudichten. Mein Glück war, dass mir das immer bewusst und ich mir selbst ziemlich sicher war, keine zu haben.

Als ich mit zwölf Jahren schwer erkrankte, die Schule nicht mehr besuchen konnte und isoliert von allem und beinahe jedem auf dem Sofa und im Bett dahinvegetierte, war das für alle Erwachsenen um mich herum schrecklich und fürchterlich. Meine Zukunft stand schließlich auf dem Spiel. Ein Abschluss, ein vernünftiges Leben, das Leben überhaupt! Es war für sie ein Drama, das man abwenden musste. Aber man wusste nicht wie, denn niemand erkannte, woran ich litt.

Nach etwas mehr als einem Jahr mit unzähligen Untersuchungen diagnostizierten internationale Spezialisten bei mir das chronische Erschöpfungssyndrom (CFS / ME). Es war eine Erleichterung, endlich eine Diagnose zu haben. Viel Klarheit brachte diese aber nicht. Es gab für CFS nämlich keine Behandlungsstrategie und auch die Ursachen waren damals eher Vermutungen, als Erkenntnisse. Weltweit gab es nur wenige erkrankte Kinder und daher keinerlei Erfahrungswerte, wie sich die Krankheit in diesem Alter entwickeln würde.

Ich fand das alles gar nicht so dramatisch. Und das lag nicht daran, dass ich zu klein dafür gewesen wäre, das Ausmaß und die Konsequenzen dieser Krankheit erkennen zu können. Ich wusste, dass es kaum Heilungschancen gab und sich bei den meisten Betroffenen der Zustand im Laufe der Zeit eher verschlechterte als verbesserte. Ich sah und fühlte die Dimension, hatte aber immer das Ende vor meinem inneren Auge: Meinen „Kindheitstraum", der eigentlich kein Traum, sondern ein Plan war und von dem ich wusste, dass er wahr werden würde. Genau deshalb konnte ich meinem Zustand gelassen begegnen. Es gab nichts, wovor ich Angst haben musste.

„Ich konnte mein Leuchten entdecken, mein eigenes kleines Licht."

Blicke ich heute auf diese Zeit zurück, war es eine Zeit, die mir Flügel wachsen ließ und mir ermöglichte, unter meine vielen Zwiebelschichten zu schauen, die ich mir bis dahin bereits zugelegt hatte.

Ich konnte mein Leuchten entdecken, mein eigenes kleines Licht. Das war natürlich keine bewusste Entscheidung. Ich hatte keine andere Wahl. Es gab sonst nichts, was ich hätte ansehen können, es passierte schließlich nichts. Mein Leben geschah in Zeitlupe, alles um mich herum war bedrückend und ich abgeschnitten von der Welt und ihren vielen Einflüssen. Mir blieb nichts anderes übrig, als mich mit mir selbst zu befassen. Obwohl mein Körper nicht machte, was ich wollte und ich schwach und energielos nichts weiter vermochte als zu träumen, fühlte ich mich mehr in meiner Kraft als je zuvor.

Diese schwere, mühsame Zeit stellte mit Leichtigkeit etwas ganz Wesentliches in den Vordergrund, was nie wieder zurückzudrängen möglich war: Mich. Seitdem fällt es mir schwer, anderen zu wünschen, dass sie schnell wieder gesund werden. Ich hoffe für jeden das Beste, aber manchmal ist das Beste eben nicht eine schnelle Rückkehr zum Alltag. Krankheit kommt immer, wenn man sie gar nicht gebrauchen kann, aber meist doch zum richtigen Zeitpunkt. Sie bietet so viel mehr als Schmerz und Sorge. Sie ermöglicht eine „gute Besserung". Nämlich besser zu werden, als man vorher dachte, es jemals sein zu können.

„Für eine gute Zukunft musste ich meine Gegenwart verändern."

Die Krankheit zu beenden war ein Entschluss. Ich hatte zufällig ein Telefongespräch meiner Mutter mitgehört, in dem es darum ging, dass ich vermutlich für immer bei ihr wohnen würde, weil ich für ein eigenständiges Leben zu krank war. In mir rebellierte alles. So hatte ich das nicht geplant! Ich realisierte in diesem Moment, dass es nicht ausreichen würde, meinen Traum in meinem Herzen zu bewahren und auf ihn zu warten. Ich verstand, dass es nicht genug war, mein eigenes Licht zu sehen und mich daran zu wärmen, sondern dass ich wieder Teil der Erde werden musste, die sich da draußen ohne mich weiterdrehte. Das Ziel würde nicht zu mir kommen. Ich musste mich auf die Reise dorthin machen. Weiterhin im Bett zu liegen und sich alles auszumalen, würde mich nicht dorthin bringen. Für eine gute Zukunft musste ich meine Gegenwart verändern.

Heute frage ich mich, ob ich diese Entscheidung getroffen hätte, wenn ich gewusst hätte, wie schwer das alles werden würde. Mein Allgemeinzustand verbesserte sich zwar stetig, aber es war ein Kampf. Kaum hatte ich einen Infekt überstanden, kam der nächste. Eine Erkrankung folgte auf die andere und jede noch so kleine Erkältung zog sich ewig lange hin. Mein Körper hatte keinerlei Abwehrkräfte, kämpfte aber trotzdem ständig gegen irgendetwas. Wie auch während der chronischen Krankheitsphase hatte ich pausenlos leichtes Fieber. Ich war zwar nicht mehr chronisch krank - chronisch gesund war ich aber auch nicht.

Das Leben war mühsam. Ein ständiges Ringen um jeden Schritt auf dem Weg zum guten Ende. Der Zustand war anstrengender, als einfach dauerhaft krank zu sein. Immer wieder musste ich von vorne beginnen, mich wieder aufrappeln, nie sicher, wann der nächste Dämpfer folgen würde.

Trotz dieser Schwierigkeiten konnte ich mich immer freuen. Über Kleinigkeiten, über eine Blume, einen Schmetterling, einen netten Busfahrer oder wenn ich morgens daran gedacht hatte, einen Schirm mitzunehmen und es am späten Nachmittag anfing zu regnen.

„Ich fühlte mich einsam in meiner Fähigkeit, mich trotzdem zu freuen."

Ich weiß nicht, ob das selbstverständlich ist. Für mich war es das, aber andere fanden das seltsam. Sie meinten, so schlimm könne das wohl alles gar nicht sein, wenn ich trotzdem immer guter Dinge war und ich es immer wieder aufs Neue versuchen würde. „Wer so oft aufstehen kann, ist wohl noch nie richtig hingefallen", sagten sie. Das hat mich oft traurig gemacht. Nicht, weil ich meine Leistungen nicht gewürdigt sah, sondern weil ich mich einsam fühlte.

Einsam in meiner Fähigkeit, mich trotzdem zu freuen.

Ich glaube, es liegt in der Natur des Menschen, von eigenen Irritationen abzulenken, indem man sie in anderen verankert. Die eigene Unerträglichkeit des Seins wird nämlich vor allem dann brisant, wenn das Gegenüber unerträglich glücklich ist. Die eigenen Fehler sieht man meist besser, wenn ein anderer sie hat. In der Psychologie spricht man von Spiegelung. Ich empfinde dieses Phänomen weniger als einen Spiegel, als ein Geschenk. Ein Geschenk allerdings, das keiner haben will und das doch so schlecht abzulehnen ist. Schwuppdiwupp hat man es bekommen und fragt sich mal früher, mal später, wie man es wieder loswerden kann. Der erste Schritt ist leider meist, tatsächlich zu glauben, es würde einem gefallen und zu einem gehören. Erst später realisiert man, dass man es doch nicht will und auch nie wirklich haben wollte und dann versucht man schließlich, es beim seelischen Schrottwichteln einem anderen unterzujubeln.

Und dann passiert das, was man doch eigentlich überhaupt nicht wollte: Man hat das ungute Gefühl, das nicht einmal zu einem selbst gehörte, sogar weitergeleitet. Es hat noch einen stolzen Besitzer mehr gefunden, den es unglücklich machen kann. Ist das nicht großartig?

Ja ist es, denn das Gute an diesem Geschenk ist: Es funktioniert auch mit den schönen Gefühlen, mit den glücklich machenden Weitergaben, mit der Freude und dem ehrlichen Mitgefühl. Überhaupt bezweifle ich, dass die Geschenke, die keiner haben will, mit böser Absicht ausgeteilt werden. Der Schenkende sehnt sich eben so sehr nach Erleichterung, dass er sich die Übertragung schön redet. Er hat auch die ehrliche Hoffnung, der Beschenkte möge das Präsent schneller weiterbringen als er selbst, oder dass er es tatsächlich brauchen kann.

Es passiert auch aus Unwissenheit. Wer Angst hat, wird auch seinem Kind gegenüber öfter äußern: „Pass auf! Sei vorsichtig! Du fällst gleich runter!". Wer sich nicht vorstellen kann, dass es möglich ist zu fliegen, wird niemanden ermutigen zu springen und wer unglücklich ist, den macht das Glück der anderen noch unglücklicher. Sicherlich, es gibt auch Menschen, die sich, egal wie es ihnen geht, über das Glück anderer freuen können, sie fliegen lassen, obwohl sie selbst festsitzen und ihnen Mut zusprechen, obwohl sie von jedem Mut verlassen sind. Aber ich glaube, es sind die wenigsten.

Ein Fünkchen Schmerz ist immer dabei, auch wenn man es selbst nicht wahrhaben will. Wird man an den eigenen Verlust oder die eigene Unmöglichkeit erinnert, weil ein anderer sie überwunden hat, tut das weh. Egal, wie sehr man sich anstrengt sich mitzufreuen oder Zuversicht auszustrahlen. Man kann schließlich nur geben, was man wirklich hat.

„Aber schon bald war mir klar, dass die-
se Welt mit meiner inneren Überzeu-
gung nicht zu vereinbaren war."

Obwohl ich ab der sechsten Klasse krank und kaum
zur Schule gegangen war, attestierte man mir mit 18
Jahren, das Wissen der mittleren Reife zu besitzen.
Ich bekam als Rehabilitationsmaßnahme ein Stipen-
dium für eine Media-Design-Ausbildung. Diese
schloss ich mit gut ab, obwohl ich höchstens
während einem Drittel der Zeit anwesend war.

Nach der Ausbildung arbeitete ich in internationalen Werbeagenturen und Moderedaktionen. Niemand fragte jemals nach einem Schulzeugnis. Auch
die Reha-Maßnahme verschwieg ich. Durch meine
ungewöhnlichen Bewerbungen achtete darauf aber
sowieso niemand. Mit 21 Jahren war ich bereits
Creative Director und leitete ein Team mit mehreren
Mitarbeiten, die alle zehn Jahre älter waren als ich.

Aber schon bald war mir klar, dass diese Welt mit
meiner inneren Überzeugung nicht zu vereinbaren
war. Ich wollte keine Sachen als Must-Haves an-
preisen, die niemand brauchte, und ich wollte keine
Models dünner retuschieren, die eh nur Haut und
Knochen waren. Ich machte eine Arbeit, um die
mich zwar viele beneideten, die man aber eigentlich
nur als absolut sinnlos bezeichnen konnte.

Als mein damaliger Chef mir in einem Vier-Au-
gen-Gespräch nahelegte, „ein bisschen mehr zu ei-

nem Arschloch zu werden", bat ich sofort darum, gekündigt zu werden. Ich hatte nicht all die Strapazen auf mich genommen, halbwegs gesund zu werden, um nicht gut zu sein.

„Ohne das ständige Gerede über meine Probleme wurden sie kleiner."

Nach der freundlichen Entlassung machte ich mich wenige Monate später selbständig. Zu diesem Zeitpunkt war ich 23 Jahre alt. Es war eine große Erleichterung, keine Rechenschaft mehr ablegen zu müssen, wenn ich krank war. Es war eine große Freude, kein Arschloch werden und keine Marionette sein zu müssen. Plötzlich brauchte ich keine Krankmeldungen besorgen, wenn ich schwach war, und musste nicht mehr regelmäßig mit meinem Arzt besprechen, was alles nicht mit mir in Ordnung war.

Ohne das ständige Gerede über meine Probleme wurden sie kleiner. Ohne Arztbesuche gab es keine Befunde. Irgendwann entschied ich mich, das ganze Kranksein einfach ganz aufzuhören. Ich gab meinen Schwächephasen keine Diagnosen mehr, sondern nannte sie Pausen. Dadurch war ich zwar nicht „leistungsfähiger" oder „produktiver" geworden als vorher, aber ich rannte nicht mehr von Arzt zu Arzt und verschwendete meine Energie für die Wege dorthin und meine Zeit in deren Wartezimmern. Ich akzeptierte einfach, wenn ich nicht konnte, wie ich wollte. Seitdem war ich nie wieder krank. So einfach ist das manchmal.

Ich bin inzwischen 34 Jahre alt und lebe tatsächlich heute so, wie ich es mir bereits als Kind vorgestellt hatte. Ohne Krankheit, Isolation und (erzwungener) Selbsterkenntnis wäre mir das vermutlich nicht gelungen. Ich glaube, ich hätte mich zwar immer an diesen Traum erinnert, ihn aber doch als solchen abgetan. Meine fehlenden Schuljahre und den Abschluss holte ich aus Prinzip nie nach.

Oft fühlte ich mich sehr einsam, unverstanden und fremd in einer Welt, in welcher der Wert eines Menschen in Schönheit, Erfolg und Produktivität gemessen wird. In einer Gesellschaft, in der Selbstliebe zwar propagiert wird, aber eigentlich nur mit Yolo und dem neuesten Superfood in der Hand den aktuellen Lifestyle bedient. Hashtag #selflove. Filter drüber. Fertig.

„Man kann gar nicht allein sein, wenn man sich selbst hat."

Niemand fürchtet sein eigenes Licht, davon bin ich überzeugt. Aber wir alle fürchten uns davor, allein zu sein, keine Anerkennung zu bekommen und uns wertlos zu fühlen. Und so verleugnen wir lieber uns selbst als zu riskieren, die anderen zu verwirren, von ihnen nicht gut gefunden, kritisiert, nicht verstanden oder gar verlassen zu werden.

Dabei kann man gar nicht allein sein, wenn man sich selbst hat. Man kann nicht nichts wert sein, wenn man sich selbst schätzt, und die größte Anerkennung ist sowieso die Selbsterkenntnis. Es gibt also tatsächlich nichts, wovor man Angst haben muss. Außer natürlich vor den Tränen beim Zwiebelschälen. Aber die sind es wert.

Mehr von Cornelia Hein auf
www.cre8th.org und www.kindamag.com

CSF – Chronic Fatigue Syndrome
(Erläuterungen der Herausgeberin)

Das Chronische Erschöpfungssyndrom ist eine schwere neuroimmunologische Erkrankung, die oft zu einem hohen Grad körperlicher Behinderung führt. Die Ursachen sind noch weitgehend unerforscht und die Symptome variieren von Fall zu Fall.

Charakteristisch ist eine umfassende Schwäche nach geringer körperlicher und geistiger Anstrengung. Bereits Zähneputzen oder Duschen können den Erkrankten überfordern und lange Erholungsphasen von mehreren Tagen oder sogar Wochen nach sich ziehen. Dazu können Symptome des Nervensystems kommen wie Herzrasen, Schwindel und Benommenheit sowie immunologische Symptome wie erhöhte Infektanfälligkeit, ein starkes Krankheitsgefühl, chronisch geschwollene Lymphknoten und Halsschmerzen. Auch neurokognitive Symptome wie Konzentrations- und Wortfindungsstörungen sind häufig.

Nach heutigem Forschungsstand können bei an CFS-erkrankten Menschen erhöhte Entzündungswerte im Blut sowie eine Darmschwäche nachgewiesen werden. Gemeinsam mit dieser Erkenntnis können Belastungstests zu einer korrekten Diagnose führen und in vielen Fällen erste Behandlungsmaßnahmen über Ernährungsumstellung eingeleitet werden.

Kampf einer Löwin - Sorgerechtsentzug

von Anna Nausch

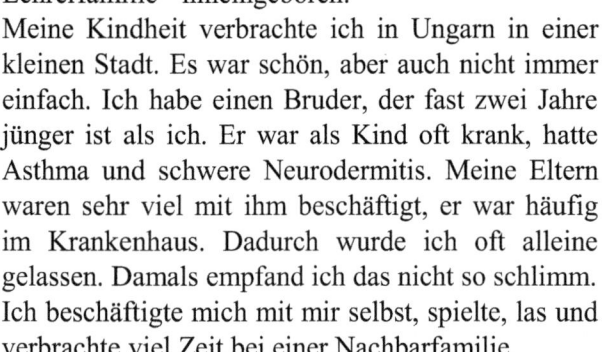

Mein Name ist Anna. Vor 44 Jahren wurde ich in eine Lehrerfamilie hineingeboren. Meine Kindheit verbrachte ich in Ungarn in einer kleinen Stadt. Es war schön, aber auch nicht immer einfach. Ich habe einen Bruder, der fast zwei Jahre jünger ist als ich. Er war als Kind oft krank, hatte Asthma und schwere Neurodermitis. Meine Eltern waren sehr viel mit ihm beschäftigt, er war häufig im Krankenhaus. Dadurch wurde ich oft alleine gelassen. Damals empfand ich das nicht so schlimm. Ich beschäftigte mich mit mir selbst, spielte, las und verbrachte viel Zeit bei einer Nachbarfamilie.

Mit 12 oder 13 Jahren fing ich an, mich mit den Themen Liebe, Romantik, Partnerschaft, Beziehungen, Ehe, Sex zu beschäftigen. Ich las viel über diese Themen in Jugendzeitungen, Büchern (auch von meinen Eltern), schaute Filme und Sendungen im Fernsehen.

Mit 19 Jahren machte ich Abitur und erlernte den Beruf als Verkäuferin. Ich heiratete meinen damaligen Freund und zog von zu Hause aus. Diese Ehe hielt nicht lange. Mit 21 Jahren war ich bereits das erste Mal geschieden. Ich arbeitete in einer Bank, bei der Post und als Verkäuferin.

Ich war sehr neugierig, wollte die Welt kennenlernen und begann alleine zu reisen. Oft zog ich um und lebte in verschiedenen Städten. Ich war als Babysitterin mit einer ungarischen Familie in Paris, die nächsten Stationen waren Innsbruck und Wien. Mir gefiel es im Ausland so gut, dass ich mich entschied, einige Zeit in Österreich zu verbringen mit dem Ziel, meine Sprachkenntnisse zu verbessern.

„Einerseits war ich glücklich über meine kleine Tochter, andererseits fühlte ich mich einsam."

In Wien lernte ich meinen zweiten Mann kennen, und 2002 brachte ich unsere Tochter zur Welt. Diese Geburt veränderte mein Leben. Einerseits war ich glücklich über meine kleine Tochter, andererseits fühlte ich mich einsam. Ich träumte immer von einer glücklichen Familie, aber dieser Traum ging nicht in Erfüllung. Unsere Ehe war eine Katastrophe und die Scheidung folgte 2004.

Mein Exmann, meine Ex-Schwiegermutter und ich hatten ein normales Verhältnis mit einer guten Gesprächsbasis. Meine Tochter lebte bei mir, war aber auch regelmäßig bei ihrem Vater und bei ihrer

Oma. Die Oma holte sie vom Kindergarten und später von der Schule ab, betreute sie, wenn ich arbeitete. Da ich die meiste Zeit alleinerziehend war, war ich für ihre Unterstützung dankbar.

Die Zeit mit meiner Tochter genoss ich sehr. Wir machten viel gemeinsam und besuchten regelmäßig meine Eltern in Ungarn.

Aber ich vermisste eine verlässliche Partnerschaft. Ich unternahm viel, um einen Partner zu finden, offline und online übers Internet, inserierte in Zeitungen, aber der Erfolg blieb aus. Hin und wieder hatte ich kurze Beziehungen, doch nach jedem Beziehungsende war ich wieder alleine und frustriert.

2010 heiratete ich zum dritten Mal in der Hoffnung, dass die Beziehung diesmal halten und mein Traum von der glücklichen Familie Wirklichkeit werden würde. Doch erneut wurde ich enttäuscht. Die Scheidung folgte bereits ein Jahr später.

Das Jahr 2011 brachte einige Änderungen mit sich. Damals hätte ich nicht gedacht, dass die schlimmsten Jahre erst bevorstehen würden.

Mein zweiter Exmann, der Vater meiner Tochter, heiratete zum zweiten Mal. Seine Mutter hatte bis dahin mit ihm zusammen gewohnt, für ihn gekocht, seine Wäsche gewaschen. Nun war sie auf die neue Frau im Haus eifersüchtig und noch mehr auf das Baby, das kurz darauf geboren wurde. Ihren Frust ließ sie an ihrem Hund sowie an ihrer Enkelin aus.

Meine Tochter war öfters bei ihr zu Besuch, auch über Nacht. Anfangs wartete sie ab und hoffte, dass die Oma sich wieder beruhigen würde. Doch die Situation wurde immer schlimmer.

Am 19. März 2012 wollten wir gemeinsam eine Freundin besuchen.

„Mama, wir können nicht rausgehen. Oma hat ein Messer in der Tasche und will dich umbringen, damit ich bei ihr leben kann. Sie hat es mir gesagt." Meine Tochter stand am Fenster, blickte auf die Straße hinunter und zitterte vor Angst.

Ich war fassungslos und alarmierte die Polizei. Ich glaubte ihr. Als die Polizisten kamen, war die Oma weg. Später sagte mir die Polizei, sie hätte ausgesagt, dass sie zuhause gewesen wäre. Ich war mir sicher, dass das nicht stimmte, meine Tochter hatte sich die Geschichte bestimmt nicht ausgedacht.

An diesem Nachmittag blieben wir zu Hause und redeten stundenlang. Meine Tochter erzählte von ihren Erfahrungen der letzten Monate im Haus ihres Vaters. Oft schlug die Oma den Hund, beschimpfte meine Tochter und mich. Dabei passte sie auf, dass der Sohn und seine Frau nichts mitbekamen.

Nach diesem Vorfall wurde meine Tochter krank. Ich brachte sie ins Krankenhaus, weil es ihr schlecht ging und sie nichts essen und trinken wollte. Ich verlangte eine psychologische Beratung, die die

Ärzte ablehnten. Sie überwiesen meine Tochter in die Kinderpsychiatrie. Ich musste nach Hause.

Ich hatte Angst, alleine die Wohnung zu verlassen. Während der ersten vier Tage war mein Vater bei mir, dann verbrachte ich eine Woche im Frauenhaus. In dieser Woche ging ich nur mit Begleitung in die Wohnung. Als alles ruhig blieb, fasste ich Mut und kehrte nach Hause zurück.

Insgesamt blieb meine Tochter drei Monate im Krankenhaus. Am Anfang war ich jeden Tag bei ihr. Nach drei Wochen fand ein Gespräch mit der betreuenden Ärztin statt, in dem ich die vermeintlichen Ursachen vom Seelenzustand meines Kindes erläuterte. Die Oma leugnete alles und mein Ex-Mann stand zu seiner Mutter. Die Ärztin glaubte ihnen.

Damit begann mein Kampf.

Das Urteil der Ärztin über mich war vernichtend und hatte folgenschwere Konsequenzen. Sie bezeichnete mich als „nicht normal und gefährlich". Das Jugendamt und das Gericht wurden eingeschaltet. Ich durfte meine Tochter elf Tage lang nicht besuchen und nur alle drei Tage kurz mit ihr telefonieren, wobei die Gespräche abgehört wurden. Später wurden Besuche erlaubt, aber nur unter Aufsicht. Ich durfte mit ihr nicht Ungarisch reden, sondern nur Deutsch. Ich verstand nicht, warum das plötzlich alles passierte. Auch die Schwestern waren ratlos über so viel Grausamkeit. Wenn die Ärztin nicht dort war, ließen sie uns bei meinen Besuchen für kurze Zeit alleine.

Sehr viel später erfuhr ich von anderen Müttern im Krankenhaus, dass diese Ärztin eifersüchtig auf Frauen war, die Kinder hatten. Offenbar waren wir nicht die einzigen Opfer.

„Man traute mir die Betreuung meiner Tochter nicht zu."

Nach und nach wurden die Besuche gelockert. Ich durfte mein Kind alleine sehen, für drei Stunden nach Hause mitnehmen, meine Eltern konnten sie besuchen. In mir keimte die Hoffnung, dass meine Tochter endlich wieder nach Hause kommen würde.

Aber es war nicht so. Das Jugendamt entschied auf den Rat der Ärztin hin, dass sie in eine Wohngemeinschaft der Stadt übersiedeln sollte. Man traute mir die Betreuung meiner Tochter nicht zu. Sie war damals zehn Jahre alt.

In der Wohngemeinschaft begann wieder das gleiche Spiel: Zuerst waren Besuche nur unter Beobachtung erlaubt, später auch alleine. Nach vier bis fünf Wochen konnte sie tagsüber mit mir nach Hause kommen, dann sogar bei mir übernachten. Später durften meine Eltern sie nach Ungarn mitnehmen. Die Situation verbesserte sich allmählich. Offenbar erkannten die Betreuer, dass mein Kind sehr unter der Situation litt.

Im Gegensatz zu mir konnte der Vater seine Tochter jederzeit sehen und zu sich holen, auch übers Wochenende. Es kam immer wieder vor, dass sie sich weigerte, mit ihm zu gehen, aber darauf wurde keine Rücksicht genommen. Was sie über ihren Vater erzählte, interessierte niemanden.

Immer wieder fanden Gespräche mit dem Jugendamt sowie Gerichtstermine statt. Ich nahm einen Anwalt, weil die Situation sehr schwierig war. Es wurde ein Gutachten über mich erstellt, gegen das ich Beschwerde einreichte. Daraufhin wurde ein zweites Gutachten veranlasst, das zu meinen Gunsten ausfiel, jedoch vor Gericht keine Beachtung fand. So bekamen wir im Januar 2014 den Bescheid, dass meine Tochter zu ihrem Vater ziehen sollte.

Sie wollte das nie. Sie wollte bei mir bleiben, aber ihre Meinung fand kein Gehör. Mehr als einmal konnte ich sie bis zu sechs Wochen lang nicht sehen, weil ihr Vater den Kontakt zu mir unterband.

2016, mit 14 Jahren, schrieb sie einen ersten Brief ans Gericht mit der erfolglosen Bitte, zu mir zurückkehren zu dürfen, weil es ihr bei ihrem Vater nicht gut ging.

Als die Oma 2017 verstarb, verschärfte sich die Situation und ihr Vater versuchte, den Kummer über den Verlust seiner Mutter in Alkohol zu ertränken.

So schrieb meine Tochter dieses Jahr im Februar wieder einen Brief ans Gericht. Es wurden bis Oktober mit allen beteiligten Gesprächen geführt und die Wohnsituation überprüft. Bis dahin hatte der Vater immer Einwände gehabt gegen den Umzug unserer Tochter.

Am 22. Oktober aber geschah das Wunder: Er gab den Kampf auf und willigte ein, dass unsere Tochter noch dieses Jahr zu mir nach Klagenfurt übersiedeln kann! Es ist ein unbeschreiblich schönes Gefühl! Endlich hat dieser lange Kampf ein Ende! Jetzt beginnt ein neues Kapitel in unserem Leben.

Wie hat diese unglaubliche, aber leider wahre Geschichte meine Entwicklung beeinflusst?

Am Anfang, 2012, war ich am Boden zerstört. Ich wusste nicht, was ich machen sollte. Ich suchte Hilfe, fand aber keine. Ich weinte sehr viel und wurde depressiv. Ich musste nicht nur für mich, sondern auch für meine Tochter stark sein und sie unterstützen. Ich war immer für sie da, wir redeten oft, weinten zusammen. Dank meiner Familie und Freunden, die zu mir hielten, überstand ich diese schwere Zeit.

„Ich lernte die Dinge anzunehmen, wie sie sind, wenn ich sie nicht ändern kann."

2013, als ich am Tiefpunkt angekommen war, beschloss ich, dass es so nicht weitergehen konnte. Ich musste was für mich tun. Ich fing an, Bücher über Psychologie, Spiritualität und positives Denken zu lesen. Ich machte die Ausbildungen Reiki 1 und 2, und das war meine Rettung. Schon nach dem ersten Kurstag begann sich etwas in mir zu verändern. Ich lernte die Dinge anzunehmen, wie sie sind, wenn ich sie nicht ändern kann. Ich lernte meine Vergangenheit zu verstehen, zu akzeptieren und aufzuarbeiten und wurde innerlich ruhiger. Nach und nach gelang es mir, allen Menschen zu verzeihen, egal was sie gemacht hatten. Das war für mich ein sehr wichtiger Schritt. Es ging mir dann immer besser.

„Indem man seine Aufgaben dankend annimmt und sie erledigt, passiert Wachstum."

2013 lernte ich meine große Liebe kennen und zog 2014 von Wien nach Kärnten. Seitdem geht es mir gut, ich fühle mich in Kärnten sehr wohl. Von 2015 bis 2017 arbeite ich als selbständige Dolmetscherin, dann absolvierte ich die Ausbildung zur dipl. Mentaltrainerin, Beziehungs- und Glücksexpertin und startete in meine zweite Selbständigkeit. Hier habe ich meine Berufung gefunden.

Heute bin ich für mein Leben und für alles, was ich durch meine Erfahrungen lernen durfte, sehr dankbar. Ich bin glücklich, motiviere und inspiriere andere Menschen.

Ich weiß, dass man im Leben solche Aufgaben oder Lektionen bekommt, die man bewältigen und daraus lernen kann. Mein Tipp: Man sollte die Aufgaben dankend annehmen und erledigen, denn so passiert Wachstum.

Mehr von Anna Nausch auf
www.anna-nausch.com

Im Glashaus –
Asperger Autismus
von Marie F.

Ich bin heute 41 Jahre alt und möchte euch meine
Geschichte erzählen, wie ich ausgestiegen bin – aber
tatsächlich eingestiegen in mein Leben.

„Das Leben ist zu kostbar, um es in einem
Traum zu verbringen."

Ich bin Asperger-Autistin. Die Diagnose habe ich
vor fast 20 Jahren zu einer Zeit erhalten, als das in
Deutschland noch kaum bekannt war. Lange habe
ich versucht „normal" zu sein und den Ansprüchen
der Welt da draußen zu genügen. Das hatte ich
schon früh verinnerlicht, da ich ohne Diagnose und
ohne zu wissen, warum ich so anders war, in einer
Regelschule bestehen und dort durch massives
Mobbing auch erleben musste, dass Andersartigkeit
oft nicht akzeptiert wird.

Dabei wurde ich psychisch sehr krank. Ich litt seit
meiner frühen Jugend unter dissoziativen Zuständen
(chronischer Depersonalisation und Derealisation),

Zwängen und Ängsten, starken Konzentrationsproblemen (ADS-Zügen), sowie mit der Zeit unter immer mehr psychosomatischen Beschwerden wie chronischen Schmerzen, chronischer Erschöpfung bis hin zu – heute denke ich stressbedingten – imperativen Einschlafattacken.

Mit Anfang 30 arbeitete ich zwar Vollzeit und recht erfolgreich als Softwareentwicklerin in einer kleinen Firma, aber ein Leben, das den Namen verdiente, hatte ich schon lange nicht mehr. Ich existierte nur noch. Ich arbeitete, aß (und wurde sehr dick, da ich durch das Essen versuchte, den Stress und die Erschöpfung zu kompensieren) und schlief.

Interessen, Hobbies, Kreativität oder auch nur die Kraft, meinen Haushalt zu führen, hatte ich schon seit Jahren nicht mehr. Ich ertrank grenzenlos erschöpft in meinem Chaos zu Hause, was alles nur noch schlimmer machte, da ich jemand bin, der dringend Struktur braucht. Aber dazu war ich nicht mehr in der Lage. Jemanden in meine Wohnung zu lassen, der mir half, war auch nicht mehr denkbar, einkaufen und kochen ebenso wenig. Saubere Kleidung war Glückssache. Ich lebte von belegten Brötchen vom Bäcker und von Lieferdiensten.

Mein Mann, der ebenfalls Asperger-Autist ist, kämpfte ähnlich überfordert mit seinem Leben und konnte mir nicht anders helfen, als an meiner Seite zu sein. Zum Schluss schlief ich sogar während der Arbeit ein, sobald ich nur ein paar Minuten irgendwo saß. Eine Erschöpfung, so übermächtig, dass es sich dagegen nicht ankämpfen ließ. Mein Körper drückte einfach den „Ausschalter". Ich war niemand mehr, nur noch eine nach außen hin leidlich funktionierende Hülle, die in dem Moment zusammenbrach, sobald sich die heimische Tür hinter mir schloss.

2008 schrieb ich dies:

„Ich will zurück in mein Leben. Mein Leben, mein, mein, mein, mein, meinmeinmeinmeinmeinmeinmein verdammtes Leben. MEINS. Ich kann nicht EUER Leben leben. Das kann nicht gut gehen. Ich zerbreche an eurer Vorstellung von Leben auf die Dauer.

Mein Traum vom Aussteigen. Das wär schön, so schön. Frei sein, nur noch frei sein. Dann könnte niemand mehr so was mit mir machen. Dann würd mich niemand mehr in so eine Lage bringen.

Ich will Einfachheit.

Ich hab keinen Bock mehr, eine bezahlte Denkmaschine zu sein, ich will in der Erde wühlen, mit meinen Händen in der Erde wühlen, endlich aufhören, meinem Leben nur hinterher zu jagen.

Utopie, ich weiß. Vielleicht auch nicht, zu irgendetwas mag doch die Naivität auch gut sein. Alles ist möglich, und ich glaube daran, dass alles möglich ist, auch Utopien."

2014 war es dann so weit. Ich hatte den Boden der Abwärtsspirale erreicht. Ich klappte zusammen. Notbremse.

Ich wurde krankgeschrieben, musste nach einem Jahr in die Reha, wurde daraus als arbeitsunfähig mit keiner Hoffnung auf Besserung entlassen. Es ging mir zu dem Zeitpunkt immer noch so schlecht, da mich selbst die Rehamaßnahme völlig überforderte. Letztlich wurde ich von der Rentenversicherung direkt unbefristet in EM-Rente geschickt, obwohl ich erst Mitte 30 war.

Ich hatte mich also bereits von meiner Arbeit und von den vielen Erwartungen an ein typisches Erwachsenenleben getrennt und zog nun in ein winziges Häuschen aufs Land, mit großem Garten, weit weg von jedem Lärm, jeder Hektik und ließ nicht nur meine vollgestopfte Wohnung zurück, sondern noch viel mehr.

Das war ein Geschenk. Dennoch brauchte ich auch jetzt noch Jahre, um mich von einem Leben, das einfach nicht für mich geeignet war, zu erholen. Ich hatte noch lange mit Erschöpfung und Schmerzen zu tun, aber ganz langsam erwachten die Lebensgeister. Ich holte mir Hilfe für das Wohnen und den Haushalt. Ich besuchte eine neue Therapeutin und machte große Fortschritte. Langsam, ganz langsam nahm zunächst die Depersonalisation ab und ich lernte wieder zu fühlen, zu wollen, zu wünschen. Noch langsamer, nach Jahren der

Therapie verschwand auch die Derealisation immer mehr – mein Leben war nicht mehr nur ein einziger merkwürdiger Traum, sondern zunehmend echt – und das nach über einem halben Leben in diesem Zustand. Einfach nur toll!

„Ich brauchte Jahre, um mich von einem Leben, das einfach nicht für mich geeignet war, zu erholen."

Allmählich verlor ich auch das Gewicht, ich begann besser zu schlafen, besser zu essen, entdeckte Nahrungsmittelunverträglichkeiten, lief jeden Tag Kilometer um Kilometer mit meinem Hund. So ließen die chronischen Schmerzen und die chronische Erschöpfung endlich nach und waren irgendwann verschwunden. Auch meine Psyche stabilisierte sich. Ich begann zu leben!

Und heute: Ich fühle! Ich lebe! Mit meinen 41 Jahren vielleicht zum ersten Mal. Ich bin körperlich stark und kerngesund – auch das war ich wahrscheinlich noch nie zuvor.

Ich befasse mich mit Minimalismus, versuche meinen Besitz immer weiter zu minimalisieren. Es tut so gut, so vieles loszulassen.

Inzwischen wühle ich sogar tatsächlich mit meinen Händen in der Erde, habe angefangen meinen Garten schön zu machen, habe ein Hochbeet gebaut und dieses Jahr mein erstes Gemüse gepflanzt. Ich lerne kochen und möchte so vieles an altem Handwerk erlernen und ein immer besseres Leben führen, abseits aller Normen.

„Ich habe gelernt Hilfe anzunehmen. Das macht mich nicht schwach, nein, es macht mich stark und selbstbestimmt."

Hier lebe ich im Einklang mit der Natur, mit wenig Reizen, mit meinem Hund, der mein ein und alles ist, und mit meinem tollen Mann. Ich habe alles Fremde abgeschüttelt, ich bin hier, wie ich bin. Ich bin jung, albern, verspielt, ich kann das Kindsein nachholen und es schert mich nicht, was jemand darüber denkt. Ich kann träumen und atmen hier draußen. Ich kann SEIN.

Ich habe aber auch gelernt, endlich Hilfe anzunehmen, sei es von Therapeuten, von Helfern, sogar von meiner Familie. Das macht mich nicht schwach, nein, es macht mich stark und selbstbestimmt.

Ich kann kein Leben wie alle anderen führen, das macht mich im wahrsten Sinne des Wortes krank. Und würde ich es wieder versuchen, würde ich wohl sehr schnell wieder in dieselbe Abwärtsspirale geraten, in der ich so lange steckte.

Aber ich kann ein produktives Leben führen. Ein paar Stunden pro Woche arbeite ich sogar seit Kurzem wieder für ein Familienmitglied (Minijob) – aber das geht nur, weil ich hier für mich zu Hause arbeiten kann, alleine, in meinem eigenen Rhythmus, ohne Stress, ohne jeden Druck, ohne feste Zeiten. Und ich tue etwas, das mir Spaß macht. Ich fühle mich trotzdem als Teil der Gesellschaft – heute mehr denn je, denn erst jetzt habe ich die Kraft dazu. Außerdem nehme ich zwei kleine Ehrenamte wahr, die mir viel bedeuten.

„Durch den Ausstieg bin ich endlich eingestiegen, eingestiegen in mein Leben!"

Im Moment entdecke ich für mich sogar die Kunst und die Musik wieder und ich fühle mich so lebendig wie noch nie vorher in meinem Leben. Ich habe so viel zu geben, ich habe so viel Liebe in mir, die ich all die Jahre nicht fühlen konnte, und die jetzt geradezu überfließt. Wer weiß, wo das alles noch hinführt!

Es ergeben sich gerade so viele Möglichkeiten, Türen, von deren Existenz ich nichts geahnt hatte, öffnen sich. Ich bin sehr glücklich. Durch den Ausstieg bin ich endlich eingestiegen, eingestiegen in mein Leben!

Der Herzensstimme gefolgt –
Mein Inselleben auf La Palma

von Olivia Badertscher

Mein Name ist Olivia, ich bin 35 Jahre alt. Ich sitze im tollsten Café auf der wunderschönen kanarischen Insel La Palma. Die Sonne strahlt und wärmt meine Haut. Ich genieße meinen Latte mit Sojamilch und beginne einen Teil meiner Lebensgeschichte aufzuschreiben.

Schon ein bisschen verrückt, wenn ich zurückdenke an den Tag im September 2015, als alles begann. Ich wusste nicht, was wirklich auf mich zukommen würde, als ich meiner Herzensstimme vertraute, ihr blind folgte und mich dazu entschied, mit meinem Mann und unseren zwei kleinen Mädels auszuwandern.

Nie im Leben hätte ich gedacht, welche enormen persönlichen Prozesse ein solcher Schritt in Gang setzen konnte. Ich, aufgewachsen in einem kleinen Bauerndorf in der Schweiz, die nicht gerne große Veränderungen mochte, nie weite Reisen machen und fremde Kulturen kennen lernen wollte und die eine Aupairstelle angetreten hatte, die nur eine Autostunde von meinem Elternhaus entfernt im selben Kanton gewesen war.

Heute muss ich über mich selbst schmunzeln. Ich wollte nicht ins Ausland und auch keine Fremdsprache lernen. Wie es trotzdem dazu kam und was es mit mir machte, erzähle ich gerne zur Ermutigung in dieser Geschichte.

„Schon als kleines Kind wünschte ich mir nichts sehnlicher, als eines Tages meinen Traumprinzen zu heiraten, in einem schönen Haus mit Garten zu wohnen und mit ihm Kinder zu bekommen."

Mein Mann und ich fragten uns nach unserer Heirat: „Was ist unser Ziel, was sind unsere Träume und Visionen und wo sehen wir uns in zehn Jahren?"

Diese Fragen forderten mich heraus. Schon als kleines Kind wünschte ich mir nichts sehnlicher, als eines Tages meinen Traumprinzen zu heiraten, in einem schönen Haus mit Garten zu wohnen und mit ihm Kinder zu bekommen. Gerne wollte ich, wenn es die finanzielle Lage und die Umstände zuließen, 100% zu Hause bei den Kindern sein und sie auf ihrem Lebensweg begleiten. Natürlich war da auch die Vorstellung, dass mein Mann arbeiten gehen und das Geld nach Hause bringen würde. Ich hatte

es so vorgelebt bekommen, und diese Zukunftsperspektive fühlte sich für mich stimmig an.

Nur hatte ich die Rechnung ohne meinen Mann
gemacht. Meine Zukunftsperspektive geriet ins
Wanken, als er mir mitteilte, dass er, falls wir einmal Kinder haben würden, gerne viel Zeit mit den
Kindern verbringen wollte und sich nicht vorstellen
konnte, der alleinige Versorger zu sein. Er konnte
sich ein 0815-Leben nicht vorstellen, ich hingegen
schon.

Nun setzte bei mir ein Umdenken ein. Wir saßen
zusammen und visionierten, tauschten uns aus und
brüteten über unseren Lebensvorstellungen. Wir
hielten unsere Visionen, Träume und Gedanken auf
einem Blatt Papier fest. Da stand, wir wünschten
uns eine Oase für uns und andere Menschen. Ein
Projekt resp. eine Arbeit, die wir gemeinsam als
Paar und Familie machen konnten, um so unseren
Lebensunterhalt zu verdienen.

*Keine Ahnung, wie das jemals Realität werden
soll*, dachte ich mir. Aber wir vertrauten darauf, dass
sich unsere Pläne immer mehr konkretisieren und
uns die Türen dazu geöffnet werden würden.

Ein Teil unseres Traums ging schon bald in Erfüllung, ich wurde schwanger. Jedoch dauerte die Freude nicht lange an. Sechs Wochen, nach dem wir
bemerkt hatten, dass in mir ein kleines Lebewesen
heranwuchs, mussten wir uns mit dem Gedanken
befassen, dass wir es vielleicht wieder würden

gehen lassen müssen. Die Frauenärztin stellte einen Herzfehler fest, der die Überlebenschance auf 50% senkte. Die kommenden Tage bis zur nächsten Untersuchung waren schrecklich, wir beteten und hofften, dass das kleine Wunder bei uns bleiben durfte. Leider kam es anders und unser Baby starb in meinem Bauch. Obwohl ich wusste, das dies bei vielen Frauen passierte, hatte ich nie damit gerechnet, es selbst erleben zu müssen. Auch hätte ich nicht erwartet, dass mich dieses Erlebnis so stark belasten würde. Obwohl das Baby noch so klein gewesen war und ich es noch gar nicht gespürt hatte, war eine starke Verbindung dagewesen.

Ich betete zu Gott, dass ich so etwas nie mehr erleben musste. Lieber wollte ich nie mehr schwanger werden. Das klingt vielleicht radikal, aber dieses Erlebnis war schlimm für mich.

„Leider kam es anders und unser Baby starb in meinem Bauch."

Da wir nur natürlich verhüteten, wurde ich ungeplant nach acht Monaten trotzdem wieder schwanger. Ein wenig erschrocken über das Ausbleiben meiner Monatsblutung, hielt ich den Beweis für ein weiteres Wunder, das in mir heranwuchs, mit dem positiven Schwangerschaftstest in den Händen. Mein Gedanke war: *Okay, dass ich jetzt schwanger wurde, ist für mich ein Zeichen, dass es diesmal anders kommt.* Denn ganz tief in mir verspürte ich die Sicherheit und hatte das Vertrauen, dass mein Gebet erhört wurde und dieses Baby bei uns bleiben durfte.

Diese tiefe innere Ruhe spürte ich auch, als ich beschloss, in dieser Schwangerschaft keine Untersuchungen bei der Frauenärztin machen zu lassen. Viel mehr wollte ich diesmal alles ganz natürlich gestalten, ohne Ultraschall, nur mit einer Hebamme und ganz viel Vertrauen in meinen Mamainstinkt.

Wenige Wochen nach dem positiven Testergebnis traten wir unsere geplante dreiwöchige Reise nach Amerika an, wo ich mir einen meiner Kindheitsträume erfüllen wollte. Ich wollte einmal im Leben nach Florida und mit Delfinen schwimmen. So vertrauten mein Mann und ich meinem inneren Gefühl und machten uns ohne vorherige Untersuchung auf die Reise. Wir ignorierten auch Vorwürfe aus unserem Umfeld, dass wir verantwortungslos handeln würden, und Berichte, dass Flugreisen in den ersten drei Schwangerschaftsmonaten gefährlich wären. Meine innere Stimme sagte mir, es würde alles gut werden.

Und dann war ich mit den Delfinen schwimmen! Zum Glück sah man mir noch nicht an, dass ich schwanger war, denn gemäß Reglement durften Schwangere das nicht. Ich wollte mir meinen großen Traum nicht vermiesen lassen und kreuzte auf dem vorbereiteten Fragebogen ganz mutig *nein* an bei der

Frage, ob ich schwanger sei. Ich würde es immer wieder tun, obwohl ich für Ehrlichkeit bin. Mein Traum war mir zu wichtig.

Meine weitere Schwangerschaft verlief gut, ich trug mein Kind mit Stolz unter meinem Herzen und war überglücklich, als wir unser Mädchen in unseren Händen hielten. Auch wenn die Geburt alles andere als geplant verlief und ich mich einem anderen Weg hingeben musste, waren wir einfach nur dankbar für dieses Wunder und dafür, dass unser gemeinsamer Wunsch in Erfüllung gegangen war.

Zwanzig Monate später kam unser zweiter Sonnenschein zur Welt. Das war zwar nicht ganz so geplant gewesen, aber da wusste offensichtlich jemand besser, wie der richtige Zeitplan war.

Auch wenn ich oft überfordert war mit unseren beiden kleinen Mädels und dem ganzen Mami-Alltag, kann ich rückblickend sagen, dass es das Beste gewesen war, was uns passieren konnte. Der kleine Abstand zwischen den Mädels ist ein Vorteil für uns alle. Die Geburten meiner Kinder zeigten mir einmal mehr ganz deutlich, dass es sich immer lohnt zu vertrauen und anzunehmen, auch wenn wir eine Situation im ersten Moment nicht verstehen und es selbst vielleicht anders gemacht oder geplant hätten. Oft begreifen wir erst im Nachhinein, dass genau dieser Weg uns zum Besten dient.

Nun war ein Teil unserer Vision in Erfüllung gegangen und wir waren eine kleine Familie. Unser Traum von einer Oase für uns und andere Menschen war nun präsenter denn je.

„Oft begreifen wir erst im Nachhinein, dass genau dieser Weg uns zum Besten dient."

Aber auch da mussten wir merken, dass wir erst loslassen mussten, dass wir nichts erzwingen konnten, sondern darauf vertrauen mussten, dass alles zum richtigen Zeitpunkt kommen und sich die Türen öffnen würden, wenn es denn sein sollte.

Diese Erkenntnis anzunehmen war nicht einfach, denn mein Mann wurde zunehmend unglücklicher mit seinem Bürojob. Natürlich erhielt er einen angemessenen Lohn, aber Geld alleine macht nicht glücklich. Viel lieber hätten wir zusammen mit einem Familienprojekt weniger verdient und dafür etwas für uns Sinnvolles gemacht und mehr Zeit für und mit der Familie gehabt. Gerade jetzt, wo die Mädels doch noch so klein waren.

Wir übten uns in Geduld, schliffen weiter an unserer Vision und schauten immer mal wieder in den Schweizer Immobilienanzeigen, ob es nicht ein passendes Objekt für uns gäbe. Zwischendurch wuchs die Ungeduld, aber andererseits merkten wir, je mehr wir dazu tendierten, krampfhaft nach einer Liegenschaft zu suchen, desto weniger kamen wir vorwärts. Wir blockierten uns selbst.

Zudem wurde uns zunehmend bewusst, dass wir so ein Projekt eigentlich gar nicht alleine stemmen wollten. Viel schöner wäre es, wenn wir unsere Träume und Visionen mit Gleichgesinnten teilen und im besten Fall umsetzen könnten. Arbeit, Freud und Leid könnten geteilt und Ressourcen genutzt werden. Aber jemanden zu finden war nicht einfach, auch das brauchte Zeit.

Bis dann im September 2015 alles zusammentraf. Mit einem Mal öffneten sich Türen, nach denen wir nie gesucht hatten.

Im September 2015 entschlossen wir uns, gemeinsam mit meinem Schwager, meiner Schwägerin und deren Tochter Urlaub zu machen. Wir wollten herausfinden, ob und wie das Zusammenleben mit einer Familie, mit der wir uns ein gemeinsames Projekt vorstellen konnten, funktionieren würde. Wir suchten einen Ort, der für die Kinder geeignet war und an dem wir Erwachsenen noch etwas lernen durften. Ganz wichtig war auch das Thema Verpflegung, da wir uns vegan orientiert ernähren.

So stieß ich im Internet auf die Website von einem Permakulturhof auf der kanarischen Insel La Palma. Von uns kannte keiner die Insel, Permakultur jedoch war uns allen ein Begriff. Wir buchten und flogen auf die Kanaren.

Mit der Ankunft auf dem Hof eröffnete sich uns ein neuer Horizont. Wir lebten gemeinsam mit der Familie, die den Hof betrieb. Jeden Tag bekamen wir eine Führung über ihr Grundstück.

Wir waren fasziniert davon, wie sich aus Essensresten Biogas herstellen lässt, wie durch ein Kompostklo beste und nährstoffreiche Erde entsteht, wie man mit Sonnenlicht kocht und sich alles zu einem Kreislauf schließt. Hinzu kam die Lage des Hofes, die uns verzauberte. Der Blick aufs Meer, der unvergesslich klare Sternenhimmel und die angenehm warmen Temperaturen machten La Palma für uns zu einem besonders schönen Lebensort.

Sehr bald kristallisierte sich heraus, in diese Richtung konnte ein Lebensprojekt für uns gehen. Wir sprachen darüber, ob sich so etwas denn auch in der Schweiz umsetzen ließe. Unsere Gastgeber bekamen unsere hitzigen Diskussionen mit und erwähnten ganz beiläufig, das sie jemanden kannten, der sein Grundstück verkaufen wollte.

Wenige Tage später standen wir darauf. Es war atemberaubend. Auf dem 13'000 qm großen Grundstück, der früheren Heimat zahlloser Kakteen, war mit viel Liebe und Herzblut in 16 Jahren ein Paradies entstanden mit Fruchtbäumen und einem großen Gemüsegarten. Wir blieben einige Stunden dort und ich spürte, dass sich mein Mann, mein Schwager und seine Frau ein Leben auf dieser Insel und diesem Grundstück vorstellen konnten.

„Auswandern war für mich wirklich nie eine Option gewesen."

Mir ging das alles viel zu schnell. Ich brauchte Zeit, um alles zu verdauen, mich zu sammeln und mir über vieles klar zu werden. Es spielte sich wie ein Film vor meinem inneren Auge ab, was ich alles würde zurücklassen müssen und welche Konsequenzen daraus entstehen würden, falls wir diesen Schritt wagen sollten. Meine Gefühle sprangen hin und her. Ich bin ein Mensch, der keine voreiligen Schlüsse zieht, und Auswandern war für mich wirklich nie eine Option gewesen.

Nach vielen Gesprächen mit meinem Mann breitete sich immer mehr eine Ruhe in mir aus und ich freundete mich ganz langsam mit dem Gedanken an, vielleicht doch ein Leben im Ausland zu führen. Ich vernahm auch wieder die Stimme, die mir sagte, dass es gut kommen würde, dass es eine große Chance für uns als Familie wäre. Ich kannte diese Stimme ja schon und ich wusste, wenn ich darauf hörte, ihr vertraute und den Schritt ins Ungewisse wagte, würde es gut werden, auch wenn mir mein Verstand etwas anderes weis machen wollte. Übrigens war das bereits so gewesen, als ich meinen Mann kennen lernte. Ich wusste einfach, dass er der Richtige war. Ich hatte vor ihm bei keinem anderen Mann dieses Gefühl, diese Sicherheit und diesen Frieden. Aber das ist eine andere Geschichte.

Innerhalb der beiden verbleibenden Urlaubswochen entschloss ich mich dann also dazu, meiner Herzensstimme zu folgen und dieses Abenteuer zu wagen. Für mich war klar, wenn wir diese Finca bekamen und sich die Finanzierung regeln ließ, dann war dies der Weg für unsere Familie.

Dies waren zwei Wochen auf der Überholspur und ich kann nicht richtig in Worte fassen, was in dieser Zeit alles abging. Eines stand aber fest, das geeignete Familienprojekt mit einer anderen Familie zusammen war gefunden, oder, noch passender, es hatte uns gefunden.

Nun ging es mit all diesen Neuigkeiten, Gefühlen, Entscheidungen und neu gewonnenen Eindrücken zurück in die Schweiz. Dort all unseren Lieben zu sagen, was wir vorhatten, war für mich einer der schwierigsten Teile.

Vor allem meinen Eltern mitzuteilen, dass wir die Schweiz verlassen würden, brach mir fast das Herz. Ich hatte lange Zeit ein schlechtes Gewissen, weil ich dachte, ich würde meinen Eltern ihre einzigen Enkelkinder wegnehmen, wodurch sie einen großen Teil ihrer Entwicklung nicht mitbekommen würden. Auch der Gedanke daran, selbst nicht mehr in ihrer Nähe und für sie da sein zu können, war schlimm.

„Vor allem meinen Eltern mitzuteilen, dass wir die Schweiz verlassen würden, brach mir fast das Herz."

Im Nachhinein habe ich herausgefunden, warum es so viel mit mir machte. Meine Eltern hatten eine Tochter (und ich meine Schwester) durch Suizid verloren. Ich hatte nun das Gefühl, dass es für meine Eltern unerträglich sein würde, dass ich auch weg ging, und ich hatte Angst, dass sie vielleicht daran zerbrechen würden. Obwohl wir uns gegenseitig würden besuchen können, fühlte ich mich schuldig und wäre aus lauter Pflichtgefühl am liebsten in der Schweiz geblieben.

In diesem Prozess wurde mir zum ersten Mal bewusst, dass ich nicht ein Leben leben konnte, das nur für andere stimmte. Dass ich niemand anderem den Schmerz abnehmen konnte. Dass es Zeit wurde, mich von ungesunden Bindungen zu lösen und dass ich jetzt für mich und meine eigene kleine Familie schauen musste. Auch wenn es schmerzlich war, durften wir keine Rücksicht auf andere nehmen und mussten unseren Herzensweg gehen. Ich sagte mir immer wieder: *Olivia es ist okay, du trägst für niemanden die Verantwortung. Es ist dein Recht, dein Leben zu leben und selbst zu bestimmen.*

Mit all diesen emotionalen Hochs und Tiefs war und bin ich meinen Eltern bis heute sehr dankbar. Sie gaben mir nie das Gefühl, das ich mich schlecht oder schuldig fühlen müsste für meine Entscheidung. Sie waren traurig, konnten aber unseren Beschluss nachvollziehen und standen hinter uns.

Getragen von Familie und Verwandtschaft konnten wir die Finanzierung regeln. Es war von Anfang an klar, dass wir die Käufer/Besitzer des Grundstücks sein und mein Schwager und seine Familie bei uns wohnen würden. Diese Entscheidung stellte sich später als äußerst wertvoll heraus.

Für den Kaufvertrag flogen wir nochmals nach La Palma. Beim Niederschreiben dieser Geschichte wird mir wieder bewusst, wie reibungslos die ganze Auswanderung verlief. Von Schwierigkeiten, von denen andere Auswanderer berichten, blieben wir verschont. Es war wohl einfach unser Weg. Nun waren wir stolze Besitzer einer Finca mit Haupthaus, Gästehaus, paradiesischem Garten und viel Fläche zum Nutzen und Gestalten und um Gemeinschaft zu leben.

Es wurde uns noch viel mehr geschenkt, als wir uns erträumt und visioniert hatten. Wir mussten diese Oase nicht zuerst erschaffen, nein, sie bestand bereits und wir durften darauf aufbauen und sie erweitern. Auch wenn es vielleicht nicht für immer sein wird, so schien es, dass La Palma unbedingt in unserer Biografie erscheinen sollte.

Zwischen dem Entschluss, die Schweiz zu verlassen und der Übersiedlung nach La Palma lag ziemlich genau ein Jahr. In diesem Jahr hieß es ausmisten, verkaufen, verschenken und radikal reduzieren. Das war ein heilender und befreiender Akt. Unser Ziel war es, alles Hab und Gut von beiden Familien in einem sechs Meter langen Schiffscontainer unterzubringen. Mein Mann plante akribisch, stapelte schon Wochen vorher alles auf Paletten.

Für den Tag, an dem der Container eintreffen sollte, war Regen gemeldet. Ware zu verladen, welche feucht oder sogar nass einige Wochen lang unterwegs sein sollte, hätte schwerwiegende Folgen. Wir konnten das Wetter zwar nicht beeinflussen, aber wir beteten, dass der Regen doch bitte bis nach dem Verladen warten sollte. Dieses Wunder erlebten wir tatsächlich! Als sich die Türen des Containers schlossen und er um die Kurve bog, fing es an zu tröpfeln. Meine Hände erhoben sich gegen den Himmel und wir waren alle unheimlich erleichtert.

Nun waren es nur noch wenige Wochen bis zur Abreise. Die Vorfreude war groß, jedoch auch getrübt vom Gedanken des Abschiednehmens. Die Familie und alle Menschen, die uns ans Herz gewachsen waren, zurück zu lassen, war bis zum letzten Tag – und ist im Übrigen noch heute – das Schwierigste für mich. Zum Glück gibt es Internet, WhatsApp und Facebook, um in Verbindung bleiben zu können. Wichtig war es mir auch die Möglichkeit zu haben, mindestens einmal im Jahr für mehrere Wochen in die Schweiz reisen zu können. Dies war nur realisierbar, weil zwei Familien auf dem Grundstück wohnten, die sich gegenseitig ablösen konnten.

Der 6. September 2016, an dem es hieß: „Adios Suiza, hola La Palma!" war dann doch viel schneller da, als mir lieb war. Nun gab es kein Zurück mehr, aber ich wusste immer noch ganz tief in mir drinnen, dass es der richtige Weg war.

Da waren wir nun, in einem fremden Land auf dieser wunderschönen Insel. Ohne Spanischkenntnisse, dafür mit viel Zeit für und mit der Familie.

Das Ankommen war ein steiler Einstieg. Vieles musste noch organisiert werden, und überraschenderweise funktionierte das auch ohne Spanischkenntnisse gut. Kontakt zu Einheimischen war eher schwierig, dafür machte ich vor Ort rasch deutschsprachige Bekanntschaften. Das war wertvoll und notwendig für mich, weil ich den Austausch mit anderen Menschen brauche. Dafür war das Spanischlernen so eher schwierig, denn eine Fremdsprache lernt man am besten unter Einheimischen. Anderseits konnte und wollte ich solche Kontakte nicht erzwingen. Ich ließ es auf mich zu kommen und lernte für mich in meinem Tempo und auf meine Art. Ich musste niemandem etwas beweisen.

„Kommunikation, Ehrlichkeit und Offen-
heit sind das A und O für gutes Zusam-
menleben."

Das Zurechtfinden im gemeinschaftlichen Leben, nicht nur wir zwei Familien, sondern auch mein Mann und ich mit den zwei kleinen Mädels, war sehr herausfordernd. Plötzlich waren wir 24 Stunden mehr oder weniger zusammen. Es war ein Härtetest für unsere Ehe, und wenn es auch nicht immer einfach war, so nutzten wir die Chance, dass wir Zeit hatten Konflikte möglichst gleich auszudiskutieren und sie nicht aufzuschieben. Anders ging es gar nicht, sonst wäre vermutlich das selbe mit unserer Ehe passiert wie schließlich mit unserer Gemeinschaft. Denn Kommunikation, Ehrlichkeit und Offenheit sind das A und O für gutes Zusammenleben, unabhängig davon, ob Familie, Partnerschaft, Nachbarschaft, Arbeitsplatz oder unter Freunden.

Da wir etwas abgeschieden leben und ich nicht einfach mal kurz in die Stadt einkaufen gehen oder mit Freundinnen abmachen kann, begann ich, mich viel mit mir selbst zu beschäftigen. Gewisse Themen, die bearbeitet werden wollten, klopften immer wieder an. Ich nahm mir bewusst Zeit, im Wald spazieren zu gehen, um meinen Emotionen, Gefühlen und Gedanken freien Lauf zu lassen. Ich spürte, dass vor allem das Thema Abgrenzung bei mir sehr präsent war. Immer wieder ließ ich andere Menschen über meine persönlichen Grenzen hinweg gehen, und plötzlich wurde mir bewusst, warum das so war.

Ich hatte es in meiner Kindheit nicht anders gelernt. Ich war immer die brave, angepasste Olivia gewesen und hatte Vieles in mich hineingefressen, anstatt mich zu wehren, wenn mich etwas verletzt hatte oder ich mir unfair behandelt vorgekommen war. Mein Vater war Alkoholiker gewesen und meine Mutter hatte wegen einer psychischen Krankheit einige Wochen in einer Klinik verbracht, als ich sechs Monate alt gewesen war. Ich war damals in einer anderen Familie untergebracht worden als meine vier und fünf Jahre alten Geschwister. Ich erkannte, dass diese frühkindliche Trennung von meiner Mutter und die Alkoholabhängigkeit meines Vaters Auswirkungen bis ins Erwachsenenalter hatten. Es wurde für mich wichtig, hinzuschauen und zu erkennen, dass ich nicht mehr das hilflose Kind war.

„In gewissen Situationen kam ich so sehr an meine Grenzen, dass ich am liebsten davongelaufen wäre."

Auch heute noch war ich immer für alle da und spürte meine eigenen Bedürfnisse viel zu wenig. In gewissen Situationen kam ich so sehr an meine Grenzen, dass ich am liebsten davongelaufen wäre.

Aber dann bemerkte ich, dass ich einfach viel früher meine Grenzen signalisieren musste. Ohne Angst, den anderen zu verletzen, oder zu denken, ich sei nicht gut, wenn ich dies und das nicht erfüllte. Und ohne Angst, auf Ablehnung zu stoßen, wenn ich ehrlich und direkt war. Mein Mann, unsere Kinder, das Leben in der Gemeinschaft und gewisse Menschen, die mir in den letzten zwei Jahren begegneten, verhalfen mir dazu, in dieser Thematik einen großen Schritt weiter zu kommen. Ich merkte, wie befreiend und heilsam es sein kann, bei Sachen, die immer wieder hochkommen, genau hinzuschauen.

Weitere Herausforderungen brachte der Schritt in die Selbständigkeit mit sich. Jeden Tag aufzustehen und tun und lassen zu können, was man will, ohne Chef oder Vorgesetzten, der einem sagt, was man zu tun hat, war einerseits sehr befreiend und schön, andererseits wurde aber genau diese Freiheit zeitweise auch zur Belastung. Es gab keinen Lohn mehr, der regelmäßig aufs Konto übertragen wurde, und oft kamen Zweifel auf, ob es wirklich der richtige Weg war.

Aber immer wieder wurden wir auf wundersame Weise versorgt. Die Vermietung des Gästehauses, unsere Haupteinnahmequelle, lief sehr gut an. Wir durften tolle neue Leute kennen und schätzen lernen. Sich zu öffnen für andere Lebensweisen und Ansichten brachte uns persönlich weiter und führte dazu, dass wir uns selbst immer wieder reflektierten und über unsere Glaubenssätze, Gedanken und Handlungen nachdachten. Wir spürten, wie stark wir geprägt waren von unserer Vergangenheit und wie wir auch hier unseren ganz eigenen Weg finden durften.

„Sich zu öffnen für andere Lebensweisen und Ansichten brachte uns persönlich weiter."

Allmählich kam der Wunsch auf, dass wir eigentlich gerne Langzeitgäste hätten, denn für uns und die Kinder war der häufige Gästewechsel nicht ideal. So entschieden wir uns für die Langzeitmiete, trotz finanzieller Einbuße und erheblicher Zweifel, ob wir überhaupt eine Familie finden würden, die bereit wäre, für längere Zeit bei uns zu leben und den von uns geforderten Mietzins zu bezahlen. Wir vertrauten darauf, wie wir es immer gemacht hatten, dass Gott die richtigen Menschen zu uns schicken würde.

Es vergingen nur wenige Tage, bis ich eine Mail in meinem Postfach hatte mit einer unglaublichen Anfrage: „Wir als Familie sind momentan auf Asienreise und würden uns gerne für mehrere Monate bei euch im Gästehaus niederlassen, um Gemeinschaft zu leben und unser zweites Kind auf die Welt bringen. Wir freuen uns auf eine Rückmeldung."

Diese Familie wohnte fast sieben Monate bei uns. Ihr zweites Kind kam im Gästehaus zur Welt, von der Großmutter, die zu Besuch kam, lernten wir viel über Kräuter und ihr Hund war eine große Bereicherung vor allem für unsere ältere Tochter.

Neben all den schönen Erlebnissen, die wir als Familie machen durften, kam es in der Gemeinschaft relativ früh zu Spannungen. Es summierten sich Unstimmigkeiten, über die nicht gesprochen wurde. Mein Körper signalisierte mir ganz klar, dass mir diese Art von Gemeinschaft in dieser Konstellation nicht gut tat. Es war sicherlich die Summe mehrerer Faktoren, welche dazu führte dass mein Körper rebellierte und ich innerhalb kurzer Zeit an Gewicht verlor und ins Untergewicht kippte. Ich hatte das permanente Gefühl von Unterzuckerung, trotz regelmäßigem und üppigerem Essen als je zuvor. Ich fühlte mich in meinem Körper nicht mehr wohl, kraftlos, und meine Allergien kamen wieder verstärkt zum Vorschein. Eins stand fest, es musste was geschehen. Eine Freundin berichtete von ihren eigenen Erlebnissen, die ihr geholfen hatten, und aus lauter Verzweiflung hielt ich mich an diesem Strohalm fest. Ich entschied mich, ihr zu vertrauen und setzte ihre Ratschläge um. Schon nach wenigen Wochen spürte ich enorme positive körperliche Veränderungen und allmählich kam ich wieder zu Kräften.

Eines Tages teilten uns mein Schwager und seine Familie mit, dass sie unser Grundstück und die Gemeinschaft verlassen würden. Auch wenn wir es schade fanden, dass der so geplante Weg des gemeinschaftlichen Zusammenlebens hier endete, waren dieser Entscheid und die Trennung das Beste für uns alle. Die Auflösung der Gemeinschaft schweißte mich und meinen Mann noch mehr zusammen. Wir wussten, nun waren Teamarbeit und Zusammenhalt mehr gefragt als je zuvor. Ich blühte wieder auf, obwohl ich ja niemand für mein Friede und Wohlbefinden verantwortlich machen konnte und wollte. Aber dieses Gemeinschaftserlebnis hatte mehr mit mir gemacht, als ich wahr haben wollte, da hatte mein positives Denken allein nicht genützt.

Das Abenteuer Inselleben geht für uns weiter. Auch wenn es anders kam, als wir gedacht hatten, würde ich es immer wieder machen und meiner Herzensstimme vertrauen. Denn für mich war es das beste, herausforderndste Abenteuer in meinem Leben, das mich ein Riesenstück weiter gebracht hat.

Das Loslassen meiner alten Heimat und damit auch eines Stücks meines alten Lebens, meiner Prägungen und Muster, in denen ich unbemerkt gefangen gewesen war, und all die Wunder, die ich dadurch erleben durfte, führten mich Stück für Stück wieder mehr zu mir selbst. Zu der Olivia, als die ich ursprünglich gedacht war. Ich denke, dass ich in meinem alten Umfeld nie eine solche Veränderung hätte durchmachen können. Ich brauchte für mich diesen Abstand.

Heute kann ich andere Meinungen stehen lassen. Niemand muss meinen Lebensstil oder Lebensweg verstehen oder für gut befinden. Ich muss ihn nicht für andere stimmig machen.

Gerade sitze ich da mit Tränen in den Augen, erfüllt mit Dankbarkeit und Liebe. Ich wünschte, ich könnte jemandem, dem es nicht so gut geht, einen Teil meiner Lebensfreude, von meinem Optimismus, meiner Zuversicht, Liebe und Zufriedenheit abgeben.

„Niemand muss meinen Lebensstil oder Lebensweg verstehen oder für gut befinden."

Es war lange Zeit ganz schwer für mich zu begreifen, dass nicht alle Menschen das Leben als etwas Wertvolles, Schönes und Weiterbringendes anschauen können, sondern dass es Menschen gibt, bei denen Schicksalsschläge zum seelischen Zerfall führen. Wäre es anders, würde meine Schwester heute vielleicht noch leben.

Meine Vergangenheit hat mich geprägt, aber sie hat mich auch stark gemacht und dazu beigetragen dass ich heute an dem Punkt stehe, an dem ich bin.

Ich möchte Freude und Ermutigung in diese Welt hinaustragen, für andere da sein, die wenig Hoffnung haben und nicht mehr an das Gute glauben.

„Du kannst genauso ein erfüllendes, glückliches Leben leben, wie du es dir wünschst und erträumst."

Bist du in einer solchen Situation, dann möchte ich dir sagen, wie wertvoll du bist. Du kannst mit deinem Leben und deiner persönlichen Lebensgeschichte eine Ermutigung für andere sein. Falls du denkst, dein Leben mache nicht viel Sinn, es sei alles so schwierig und andere hätten es besser als du, dann lass dir sagen: Du kannst genauso ein erfüllendes, glückliches Leben leben, wie du es dir wünschst und erträumst. Fange an dein Traumleben zu träumen und visionieren. Mache Glück und Freude nicht von einem Umstand abhängig. Jeder kann dankbar und glücklich sein. Dazu muss man nicht auswandern oder ein Superstar werden. Suche dir Menschen, die dir gut tun, die dich ermutigen und deren Lebensgeschichte dich anspricht.

Für mich war Jesus ein großes Vorbild. Er war ein unsichtbarer, aber spürbarer Freund. Ich wollte ihm ähnlicher werden und auch so voller Liebe sein, wie es über ihn in der Bibel steht. Heute bin ich davon überzeugt: Hätte ich den Glauben und Jesus als meinen Freund als Kind nicht gehabt, wäre meine Seele durch meine Kindheitserlebnisse viel mehr geschädigt worden. Auch Vergebung wurde ein befreiender Begleiter in meinem Leben und ich durfte früh erkennen, dass Vergebung nicht meine Vergangenheit, aber meine Zukunft verändert und mich in die Freiheit führt.

Mehr von Olivia Badertscher auf
www.olivja.art und www.amar-la-vida.com.

Suche nach dem Glück –
Wenn Liebe Fesseln zerreißt
von Manuela Degenhardt

Da saß sie nun, die kleine Manu. Hübsch angezogen, ein Lächeln im Gesicht, weil es der Fotograf so befahl. Sauber, vorbildlich, liebenswert. Geht es ihr gut? Alles okay? Wirklich? Möchte man meinen, wenn man das Bild betrachtet, eine Momentaufnahme vor 40 Jahren. In Wahrheit aber war sie ein schwieriges Kind. Widerspenstig, zickig, störrisch.

Darf ich vorstellen? Das bin ich.

Heute würde ich sagen, ich schrie damals nach Liebe und Geborgenheit. Nach einem Ort, wo ich mich, so wie ich war, wohlfühlen konnte. Ich sollte ihn erst ganze 40 Jahre später finden. Auf diesem weiten Wege dahin konnte mir mein späterer Ehemann nur bedingt die benötigte Zuneigung schenken, mochte er sich anstrengen wie er wollte. Nicht einmal meine Tochter konnte es jemals vollbringen.

Eines Tages kurz vor meinem 40. Geburtstag saß ich auf einer Bank in einem Park (mein Kindesfoto in der Hand) und begriff plötzlich, dass ich Liebe,

Zuneigung und Verständnis verzweifelt am falschen Ort gesucht hatte. All die Jahre. Schlicht und einfach war alles immer bei mir gewesen. Nämlich in mir drin! Von da an wusste ich, wie ich mein Leben zukünftig führen wollte.

Die wichtigsten Fragen, die mich ständig beschäftigt hatten, waren: *Warum mag mich keiner? Warum nur bin ich hier? Was soll ich hier? Was ist der Sinn des Lebens?*

Rückblickend kann ich vieles verstehen. Meine Eltern hatten mich in einer Versöhnungsnacht produziert. Ein Ausrutscher? Nicht sehr schmeichelnd, wenn man weiß, davor und danach gab es immer Streit zwischen ihnen. Sie sprachen beide wohl unterschiedliche Sprachen. Jeder einzelne dürfte gegeben haben, was er konnte. Selbstwohl waren sie mit ihrem Leben nicht zufrieden.

Lag es also in meinen Genen? War es eine Vorbestimmung, den gleichen Pfad des Lebens zu beschreiten wie sie? Als ich begann, in meiner Biografie zu forschen, stellte ich erschrocken fest, dass ich ein Wochenkrippenkind war. Das bedeutet, dass ich mehrere Tage in einem Heim war als Baby bis zum Schulbeginn. Diese Einrichtungen gab es für Eltern im sozialistischen Land der DDR, damit beide Elternteile arbeiten gehen können. Es fehlte an Arbeitskräften im Staat. Darum, nicht in erster Linie aus Emanzipationsgründen, durften Frauen arbeiten gehen.

Ich erschrak über diese Tatsache weil mir klar wurde, warum ich nach jeder menschlichen Zuneigung förmlich lechze. Ausgehungert reagiere und auch noch heute die Umarmungen vermisse. Oder aber im Gegenteil, wenn ich zu viel Liebe bekam, sie entgegen jeder Vernunft verstört ablehnte.

„So schlimm war es nicht. Sei froh, dass du nicht ständig zu Hause warst!" meinte meine acht Jahre ältere Schwester, als ich ihr meine Rechercheergebnisse präsentierte. Es soll ziemlich viel Streit gegeben haben daheim. Oft telefonierte ich in dieser Zeit mit meiner Schwester, lange Telefonate waren keine Seltenheit. Interessant fand ich die Ergebnisse einer wissenschaftlichen Studie, die Entwicklungsstörungen feststellte bei Kindern in Wochenkindergarten. Auf Grund dessen schaffte der Nachbarstaat Tschechische Republik die Einrichtungen ab, nicht so die DDR mit ihrem Schichtarbeitssystem, in dem meine Eltern feststeckten.

So vergingen all die schönen Jahre der Jugend immer im Bewusstsein, dass ich noch viele Jahre zu Leben zur Verfügung haben würde. Die Schule. Die Jugendweihe. Die Lehre.

Je unglücklicher ich war, je öfter hatte ich unerhörtes Glück. Mein Lehrvertrag zum Beispiel oder meine Handtasche. So wahr wie ich hier allein diesen Text schreibe: Mir wurde zweimal meine Tasche mitsamt Geldbörse hinterhergetragen. Einmal bekam ich sie mit der Post zurückgeschickt. Ein Zufall folgte dem anderen. Ohne mein Zutun wurden mir Chancen aufgezeigt, welche sich manch anderer gern gewünscht hätte.

Die Jahre zogen dahin. Tag ein, Tag aus. Zur Zeit der Wende war ich im ersten Lehrjahr als Verkäuferin. Die Aufbruchstimmung steckte mich an, auch ich fuhr in überfüllten Zügen und Bussen nach Westdeutschland – um zu schauen. Stolz kam ich mit einer frischen Ananas zurück, einer Frucht, die ich bisher erst einmal aus der Dose gegessen hatte.

Ansonsten ging ich gefühllos vorwärts. Nahm lieblos, was mir angeboten wurde. In seltenen stillen Momenten fragte ich mich: *Warum bin ich so unglücklich? Warum lache ich so selten? Warum liebe ich gern über die Anstandsgrenze hinaus den schwarzen Humor?*

Es ist schmerzvoll, der Wahrheit ins Gesicht zu schauen. Ich kannte die Antworten. Aber ich ließ sie nicht zu. Ich hatte es nicht besser gewusst. Ich war stets nur auf der Suche nach dem Glück.

„Ich kannte die Antworten, aber ich ließ sie nicht zu."

Gebe ich meinen Eltern Schuld? Nein, ich habe längst vergeben. Sie hatten es eben nicht besser gewusst. Meine Mutter und mein Vater waren auch nur auf der Suche nach ein bisschen Glück. Sie heirateten früh, passten nicht zusammen und kamen dennoch nicht los voneinander. Wegen der Kinder, hieß es immer.

Das war ihr Leben. Es sollte nicht meins sein. Der Blick zurück in meine Geschichte hat mir geholfen, Zusammenhänge besser zu verstehen. Es lag an mir, wie ich das erlangte Wissen für mein Leben nutzte.

Dann lernte ich einen jungen Mann kennen. Er zeigte Interesse für mich. Wir waren das Traumpaar. Warum nur spürte ich es nicht? Ich begann die romantischen Liebesromane zu hassen. War alles erstunken und erlogen? Ich konnte nicht an die Liebe glauben, die Geschichten nicht ernst nehmen, weil ich bis dahin keine Liebe erfahren hatte.

Trotzdem heiratete ich den jungen Mann. Wir zogen zusammen in ein renovierungsbedürftiges Haus. Wir packten an. Wir hatten Pläne. Bauten um, nutzten jede Minute, die wir übrig hatten. Ein großer Hund, der den Hof bewachte. Zum Eheglück kam ein Kind dazu. Alles wohl sortiert. Harmonisch. Normal eben. Wirklich?

Heute weiß ich, ich wiederholte quasi das Leben meiner Eltern. Es lief, wie es laufen musste. Ich hatte keine Zeit um nachzudenken, ob ich im richtigen Film war. Das Rad der Zeit drehte sich stets. Im Jahr 2000 verließen wir Ostdeutschland und zogen nach Stuttgart. Das Haus vermieteten wir.

*„Ich wiederholte quasi das Leben meiner
Eltern."*

Eines Tages aber veränderte sich etwas. Ich erwachte aus einem jahrzehntelangen Schlaf. Ich verliebte mich. Bum. Und nun?

Das innerliche Selbstzerstörungsprogramm wurde sofort eingeleitet. Jedes Mal hatte ich mich bisher erfolgreich selbst bekämpfen können. Aber diesmal half nichts. Die Liebe war stärker.

Wirr durcheinander drehten sich meine Gedanken im Kopf. Immer schneller. *Das darf nicht sein. Das kann nicht sein. Das passt überhaupt nicht zu meinem Lebensweg, der mir immer passend zurechtgelegt worden war.* Das Haus. Kind. Kegel. Was jetzt?

Doch die Tatsache war, ich hatte mich zum ersten Mal verliebt. Wie sollte es weitergehen? Bald war ich 40 Jahre alt und das erste Mal verliebt?

Von da an sollte niemals mehr etwas so sein wie vorher. Plötzlich war mein Leben bunt statt grau. Blümchen, Lachen, Freude, Springen, Kindisch sein. Albern. Ich schien meine Kindheit nachholen zu wollen.

Es war so herrlich.

Bis dahin war ich in meinem Leben überwiegend traurig gewesen. So traurig, dass ich oft an Selbstmord gedacht hatte. Der einzige Grund, warum ich es nie getan hatte, war der, dass ich Angst davor hatte, mich umzubringen.

„Ich schien meine Kindheit nachholen zu wollen."

Als ich nun aus dem Tal der Dunkelheit einen kurzen Blick der Liebe erhaschen durfte, wollte ich nie wieder zurück. Aber aufgrund meiner täglich zu tragenden Last war das schwierig. Ich hatte Verpflichtungen. Die Kredite des Hauses waren nicht fertig abbezahlt, die Tochter noch nicht erwachsen. Der Ehemann stand kurz vor der hart erkämpften Invalidenrente wegen Bandscheibenvorfall und Knieproblemen. Unterstützende Verwandtschaft gab es nicht vor Ort, sprechen konnte ich nicht mit gemeinsamen Freunden darüber. Es wusste keiner von meinen Gedanken und Gefühlen. Auch nicht mein Mann.

Manchmal kann das Leben so einfach sein. Ich wagte den Schritt. Innerhalb weniger Wochen trennte ich mich von meinem Mann und begann mein Leben zu sortieren. Neu auszurichten. Ich nahm sehr schnell viele Kilos ab. Ich entdeckte das Leben als ein aufregendes Schauspiel. Ich hatte keine Zeit mehr, frustriert Kalorien in mich rein zu stopfen.

Mein neues Leben fühlte sich trotz der unsicheren Zukunft im Gegensatz zum Familienleben tausendfach leichter an, trotz der Entscheidungen und Belastungen, die ich zum großen Teil allein bewältigen musste. Das Haus im Osten musste verkauft werden, und meine Tochter entschied sich, bei ihrem Vater zu bleiben. So war ich plötzlich ungeplant ganz allein. Ich zog in eine kleine Wohnung, meine erste überhaupt, und arbeitete im Eiltempo mein Leben auf. Nebenbei ging ich meiner Arbeit als Verkäuferin nach.

In meiner kleinen Wohnung war ich zum ersten Mal richtig glücklich. Sie war spärlich, aber heimisch eingerichtet. Bald schaute ich neugierig über den Tellerrand hinaus und tat Dinge, wofür vorher nie Zeit gewesen war. Aufbruchstimmung, die noch heute anhält.

Ich entdeckte *The Work* von Bryan Katie. Noch ansprechender fand ich die Bücher von Ina Rudolph. Ich lernte wie ein kleines Kind die Freuden des Lebens zu entdecken. Ich lachte. Ich malte. Ich stand vor dem Spiegel und lernte mich, inzwischen über 40 Jahre alt, kennen. Das Schönste an allem war aber, dass ich selbst über mich lachen konnte.

Nach einem halben Jahr fiel mir an einer Bushaltestelle auf, dass ich keine Kopfschmerzen mehr hatte. Mein halbes Leben lang hatte ich mehrere Tabletten pro Woche geschluckt, um zu funktionieren. Migräne war einmal in der Woche mein beständiger Besucher gewesen. Mein Körper hatte geschrien und ich hatte nicht hingehört.

„Eigenliebe ist der Schlüssel zu einem glücklichen, zufriedenen Leben."

Wie geht Veränderung? Die Theorie kennen wir alle. Ganz tief in uns wissen wir, was zu tun ist. Einfach gehen. Punkt. Ich brauchte keine Therapie. Keinen Arzt. Noch nicht mal einen Partner dafür. Ich hatte Liebe erfahren und erkannte, weil ich verliebt war, dass die Liebesromane doch wahr waren. Ich wollte das auch! Vor allem wollte ich mich lieben. Denn das wusste ich, Eigenliebe ist der Schlüssel zu einem glücklichen, zufriedenen Leben.

Ich suchte nach wie vor Liebe, Zuneigung, Zuwendung. Aber diesmal in einer anderen Richtung. Bei mir selbst. Ich entdeckte, was für mich wirklich wichtig ist im Leben. Ich suchte wieder, kam aber zum Ursprung zurück.

Mit der großen Liebe bin ich übrigens nie zusammengezogen. Vielleicht war ich auch nur verknallt, wer weiß. Auf jeden Fall aber war sie der Funke gewesen, der mein Leben entzündet hat, der mich aufgeweckt hat und mir den Mut geschenkt hat, aufzustehen und zu gehen, hinter mir zu lassen, was mich jahrzehntelang blockiert hat.

Nun sitze ich hier, schreibe den Text und schau das Kind von damals an. Den Luftballon haltend. Sollte es lächeln, weil der Fotograf es befiehlt?

Könnte ich diesem Kind etwas sagen, so würde ich es schütteln und rütteln, bis es endlich aufwacht, und würde sagen: „Manu, leben! Du bist da um zu leben. Es ist deine Bühne! Komm aus dir raus. Kehre deine selbstzerstörerische Energie um und befreie deine Welt von dunklen Gedanken. Streue deinen Humor in die weite Welt hinaus, um die Menschen zu warnen. Um ihnen anhand deiner Lebensgeschichte zu sagen, dass sie ihr Leben nicht vergeuden sollen. Keine Schuldigen suchen sollen. Und auch niemals resignieren sollen. Manu, du kleines Wesen, du bist eine ganz Große. Du wirst alle begeistern und anstecken mit deiner Lebensfreude!"

Heute versuche ich als Moderatorin des StoryPodcasts den Menschen ihre Lebensfreude zu stärken (denn finden müssen sie sie schon selbst). Sie zu motivieren, Körper und Geist als Einheit in Schwung zu halten bis ans Ende ihrer Tage.

Mehr von Manuela Degenhardt auf
www.derstorypodcast.com

Höllenfeuer -
Narzissmus und Gewalt
von Jessica

Heute, mit Mitte 30, stehe ich fest auf dem Boden der Tatsachen. Zum ersten Mal in meinem Leben spüre ich Wurzeln wachsen, ein Heimatgefühl und familiäre Verbundenheit. Meine Seele erholt sich und sieht Sonne, so soll es sein. Bis hierher war es ein weiter Weg, und er war nicht immer leicht, er war steinig und er war schwer. Aber ich habe nie aufgegeben, habe oft gezweifelt – meist an mir selbst, und es hat unendlich viel Kraft gekostet, sagen zu können: Ich weiß, wer ich bin.

Ich war kein Wunschkind, ich war eher als Ausweg gedacht. Meine damals 16-Jährige Mutter wollte raus aus den ihr bekannten Familienstrukturen und ihre Idealvorstellung einer Familie leben. Für mich bedeutete dies eine Kindheit und Jugend voller Unsicherheit, ohne Selbstwertgefühl und das ständige Wissen, nicht erwünscht zu sein.

„Ich war kein Wunschkind, ich war eher als Ausweg gedacht."

Meine Entwicklung war geprägt von Funktionieren-müssen, falscher Zuneigung und ständiger Wachsamkeit, keinen Fehler zu machen. Ich war früh sehr selbstständig, meine Mutter hatte andere Dinge zu tun als eine Mutter für mich zu sein. Aus einer etwas längeren Beziehung entstand mein erster Halbbruder. Im Alter von sieben Jahren musste ich auf ihn aufpassen, damit sie in einer Kneipe arbeiten konnte.

Meinen leiblichen Vater kannte ich, und bis zum Alter von etwa neun Jahren war er hin und wieder auch da. Dann verschwand er, sang- und klanglos. Mein späterer Stiefvater trat in unser Leben, der Auserwählte für das Idealbild der Familie, die meine Mutter sich so sehnlichst wünschte. Alsbald folgten drei weitere Halbgeschwister. Naturgemäß wurden diese bevorzugt, sie waren schließlich die „richtigen" Kinder meines Stiefvaters. Ich als Älteste lernte schnell Verantwortung zu übernehmen, den Haushalt zu machen, die Kinder zu betreuen.

Meine Mutter unterband alles, was meine persönliche Entwicklung vorangebracht hätte. Freunde hatte ich keine, ich hätte ohnehin keine Zeit dafür gehabt. Meine Mutter hingegen ging ihren Hobbys nach: Sie bewirtschaftete einen großen Garten, entdeckte das Puzzeln und Basteln für sich. In unserem

Umfeld war sie allgemein als tolle Mutter bekannt. Sie organisierte Kinderpartys, zauberte fabelhafte Torten und war ein Tausendsassa.

Als ich mich mit großen Schritten der Pubertät näherte, entzog sie mir jegliche Privatsphäre. Meine Zimmertüre musste immer offen sein, ich durfte das Haus nicht allein verlassen und sie durchsuchte regelmäßig mein Zimmer. War sie wütend auf mich, ließ sie mich ihren Hass auf mich spüren. Nicht selten wünschte sie mir den Tod, drohte, mich ins Heim zu geben oder prügelte auf mich ein. Schon in jungen Jahren fühlte ich mich wertlos, nutzlos und hatte kein Gefühl für mich und meine Bedürfnisse entwickeln können.

Aus heutiger Sicht war ich wie eine Ertrinkende, die sich immer wieder nach Luft schnappend an einen Rettungsring klammerte. Ich hatte kein Gefühl für mich oder meinen Körper, ich kannte nur das Urteil von außen. Dinge, die Mädchen im Alter von 7 – 16 Jahren tun, waren mir fremd, ich hatte keine Ahnung von Schminke, Boybands oder den klassischen Mädchenhobbys. Aber ich wusste wie man eine Heißmangel bedient und Holz sägt.

„Es macht meine Mutter nicht schuldlos, aber mir macht es das Verstehen und Verarbeiten leichter."

Heute weiß ich: Meine Mutter war eine Narzisstin. Sie hatte schlichtweg keine Empathie und keine Gefühle für mich. Es macht sie nicht schuldlos, aber mir macht es das Verstehen und Verarbeiten leichter.

Ich trennte mich früh von meinem Elternhaus, was mit Missachtung und einem Hausverbot quittiert wurde. Ich dachte damals wirklich, ich wäre frei.

Weit gefehlt. Mein erster Mann war eine Kopie meiner Mutter und der ideale Schwiegersohn. Diese Ehe hielt drei Jahre und endete mit einer Vergewaltigung. Er war nie gewalttätig in der Ehe, weder physisch noch psychisch. Aber er hat mich einfach ersetzt, als ich ihm nicht mehr genug einbrachte. Ich habe meine schulische Ausbildung für diesen Mann abgebrochen, schließlich verdiente man in der Gastronomie mehr.

Nach meiner Scheidung lernte ich den Mann kennen, der mich brechen und mir gleichzeitig ein neues Leben schenken sollte. Am Anfang der Beziehung war er der Ritter in glänzender Rüstung auf einem weißen Pferd. Erst später war mir klar: es war ein trojanisches Pferd. Er kam daher und umwarb mich, so etwas hatte ich noch nicht erlebt. Er machte mir den Hof so unglaublich und so glaubwürdig, ich war die Fliege, die freiwillig ins Netz der Spinne ging.

Er war auch der Grund, warum ich den Kontakt zu meiner Familie komplett abbrach. Meine Mutter stellte mich vor die Wahl: Entweder dieser Mann oder sie. Ich entschied mich für ihn und kam vom Regen in die Traufe.

Er sah Potential in mir, animierte mich dazu, an einem Kolleg das Abitur zu machen. Ich sei die intelligenteste Frau, die er kennen würde, ich hätte das Zeug, Großartiges zu vollbringen. Mit diesem Auftrieb machte ich das Abitur und stand mit 25 Jahren vor der Wahl des Studienortes. Meine Wahl wäre BWL gewesen oder Psychologie, aber Rechtswissenschaften waren prestigeträchtiger und passten gut in seine Pläne.

Er, der gestandene Mann, der ehemalige Millionär. Betrogen um Vermögen und Leben. Er war Mitte 40, als wir uns kennenlernten, aus heutiger Sicht ein klassischer Lebenskünstler und der größte psychopathische Narzisst, den ich je getroffen habe. Jedes Wort, das er mir über seine Vergangenheit erzählte, war nur zur Hälfte wahr, wenn überhaupt. Jede Errungenschaft war von fremdem Geld finanziert und jede Beziehung rein zweckmäßig.

Nach sieben Jahren heirateten wir. Allein, nur wir zwei. Kurz nach der Hochzeit begann die psychische Gewalt. Demütigungen und Entwertungen bis ins Mark waren zu diesem Zeitpunkt normal. In den ganzen 13 Jahren, die wir zusammen waren, hat er nicht einen Tag gearbeitet. Aber die meisten Tage getrunken. Anfangs dosiert, später immer mehr und vor allem öfter. Wenn er trank, wurden die Demütigungen noch härter und er beschimpfte mich immer übler. Anfangs entschuldigte er sich dafür, sprach von großem Druck, der auf ihm lastete und dass er mit dem Älterwerden nicht klarkommen würde. Der Welt draußen erzählte er, er sei PR-Mann und würde ein ganz großes Geschäft abschließen, würde sehr wichtige Menschen kennen und überhaupt wäre er mehr der Privatier. Mir wurde Redeverbot auferlegt, niemand sollte erfahren, dass er Hartz 4 bezog und sich für größere Anschaffungen entweder meine Bonität, die seines Sohnes oder die seiner Mutter lieh.

„Ich zweifelte an der Realität."

Nach zehn Jahren mit diesem Mann, einem Umzug in eine wunderschöne Stadt und meinem persönlichen Scheitern am Staatsexamen spürte ich das erste Mal Zweifel. Ich zweifelte an der Realität. Immer wieder kam es vor, dass ich mir sicher war, er hätte bestimmte Dinge gesagt oder dass ich ihm Dinge gesagt hätte und er behauptete felsenfest, es sei nicht so. Immer wieder trichterte er mir ein, ich wäre verrückt, nicht ganz richtig und sollte mal zum Arzt gehen. Zu diesem Zeitpunkt spielte ich das erste Mal mit dem Gedanken, mir das Leben zu nehmen.

Auch mein Körper war immer wieder ein Thema. Einmal fand er mich zu hässlich, zu dünn, zu dick und überhaupt war ich ein Trauerbild einer Frau, ich hätte nichts Begehrenswertes. Meine Reaktion war Rückzug, mein Körper reagierte mit dauerhaften Muskelverspannungen, Kopfschmerzen, die schließlich in Migräneanfälle übergingen, einer dauerhaft entzündeten Magenschleimhaut und Hautausschlag. Die sichtbaren körperlichen Symptome brachte ich aber nie mit seinem Verhalten in Verbindung.

Er hatte mich im Laufe der Jahre sozial völlig isoliert. Ich hatte keinen Kontakt mit Menschen, die nicht auch mit ihm zu tun hatten. Es gab niemandem, mit dem ich hätte reden können, der verschwiegen gewesen wäre. Denn ich war nur die „Frau von". Lief etwas nicht so, wie er es geplant oder gehofft hatte, war ich Schuld. Mochte jemand ihn nicht, hatte ich schlecht über ihn geredet. Er hielt mich klein und ich fügte mich, das kannte ich ja aus meiner Kindheit.

Zu dieser Zeit bekam ich die Nachricht, dass meine Mutter ihrem Lungenkrebs erliegen würde. Die Nachricht kam über facebook von ihrem damaligen Lebensgefährten. Sie wusste, sie würde sterben, all ihren Kindern und ihren Stiefkindern hatte sie es gesagt, hatte jeden nochmal gesehen und mit jedem Zeit verbracht. Nur mit mir nicht. Sie stellte es so dar, dass ich den Kontakt nicht wollte. Aber ich hatte ihr immer die Möglichkeit gegeben mich zu erreichen, hatte immer die Option eines Gesprächs offen gelassen. Nun war die Entfernung war zu groß, um ein letztes Mal zu ihr zu fahren, ein paar letzte Worte zu sprechen. Als sie starb, fühlte ich mich einfach nur leer. Stumpf und wie in Watte. Diese letzte Missachtung erschütterte mich.

Ich gewöhnte mir an, lediglich zu funktionieren und meinen Mann nicht zu verärgern. Sobald Dritte dabei waren, anfangs selbst sein Sohn, war er der tolle Partner, derjenige, der so viel für seine Frau tat und sich selbst opferte. Waren wir allein, fiel die Maske. Seine Maske war charmant, rein optisch war er für sein Alter ein attraktiver Mann. Er war schnell Mittelpunkt jeder Veranstaltung, die Damenwelt scharrte sich um ihn wie Motten um das Licht. Ein Wortkünstler, er wickelte jeden ein und redete jeden in Grund und Boden. Das ist das Tückische an diesen Menschen: Sie ziehen einen in ihren Bann, vernebeln die Sinne. Im Fachjargon wird das Love Bombing genannt oder auch Hoovern.

„Aber nun hatte ich Kontakte außerhalb seiner Reichweite und begann immer mehr zu zweifeln."

Nach außen wandelte sich für mich Einiges zum Besseren. Aus meiner anfänglichen Freelancer-Tätigkeit im Immobilienbereich und für Kanzleien hatte sich eine kleine, aber feine Hausverwaltung entwickelt. Hier war nun ein Feld, das mir Spaß machte, das ich allmählich beherrschte. Hier leistete ich gute Arbeit. Die Verwaltung sicherte ein konstantes monatliches Einkommen und ich war glücklich.

Je mehr ich Fuß fassen konnte mit der Firma, umso mehr steigerte er seine Trinkphasen und die damit einhergehenden Hasstiraden. Aber nun hatte ich Kontakte außerhalb seiner Reichweite und begann immer mehr zu zweifeln. An mir selbst vorrangig, aber auch an diesem Mann, an diesem Leben und dem, was vor mir lag. Sollte ich wirklich den Rest meines Lebens so verbringen? Als Opfer eines psychopathischen Narzissten?

Zu meiner Kundschaft zählten auch der Hochadel und Millionäre, für ihn natürlich sehr interessant. Die Kunden vertrauten mir und er versuchte mich dazu zu bringen, ihn in dieser Gesellschaft zu platzieren, um das ganz große Geld zu machen. Ich aber zögerte. Das gefiel ihm überhaupt nicht. Er spürte ersten Widerwillen bei mir und quittierte diesen Ungehorsam mit weiteren Trinkphasen und heftigen verbalen Demütigungen.

Ich suchte unzählige Male das Gespräch mit ihm, hatte Hoffnung auf eine Besserung und scheiterte auf ganzer Linie. Wir lebten aneinander vorbei. Während ich tagsüber meiner Arbeit nachging und mich um den Haushalt kümmerte, trank er nachts und suchte sich andere Spielplätze. Er wurde bereits nach kurzer Zeit Vorsitzender der Ortsgruppe einer Partei und arbeitete zeitgleich für eine andere, umstrittene Partei auf Bundesebene. Er sicherte sich überall einen Platz und Anerkennung. Aber in den eigenen vier Wänden war er nur der Trinker, der nichts anderes konnte als mich niederzumachen für sein Versagen.

In einem aus meiner (vernebelten) Sicht klaren Gespräch waren wir uns einig, kein Paar mehr zu sein. Wir einigten uns auf weitere wirtschaftliche Verbundenheit, da „keiner von uns beiden es ohne den anderen schafft", wie er sich ausdrückte. Ich hätte wissen müssen, warum er plötzlich so diplomatisch war: Ich sicherte sein Einkommen und wenn ich ginge, hätte er nur noch die Sozialleistungen, die für seinen Lebensstil nicht reichten.

Ich hingegen glaubte der Illusion und arbeitete daraufhin, mich trennen zu können. Als mein monatlicher Umsatz abzüglich der Kosten für ein Leben allein ausreichte, schaute ich mich nach einer Wohnung für mich um. Insgesamt trat auch in meiner Seele eine Erleichterung ein, ich fühlte mich etwas freier, dachte ich doch, ich hätte bald ein eigenes Leben.

Und genau dann trat ein Mann in mein Leben, ein Mensch, der so anders war als mein Ehemann. Genau genommen war er das Gegenteil, in allen Belangen. Und es tat gut, eine intensive Zeit, in der ich endlich wieder spürte, auch eine Frau zu sein. Eine Zeit, in der ich Berührungen genoss und das Bauchkribbeln sich so verdammt gut anfühlte.

Leider ließ ich außer Acht, dass mein Noch-Mann ganz und gar nicht an Trennung dachte. Es kam zu einem Streit, der mich endlich dazu bewog, die Wohnung zu verlassen und kurzzeitig ein von mir verwaltetes Apartment zu beziehen. Es sollte mein Rückzugsort sein für absehbare Zeit und mir Raum geben, mein neues Leben zu planen. Doch es kam anders.

„Für einen kurzen Moment dachte ich, ich wäre tot."

Mein Ehemann wurde wütend, fühlte er sich doch seines Besitzes beraubt. Ich traf mich am nächsten Tag mit ihm, weil ich Unterlagen aus der Ehewohnung brauchte, wo sich auch mein Büro befand. Da ich am Tag zuvor meinen Schlüssel abgeben hatte müssen, konnte ich sie nicht selbst holen. Er versprach die Ordner mitzubringen und wir verabredeten uns in einem Ausflugslokal. Entgegen der Absprache hatte er die Ordner nicht dabei. Er saß mir gegenüber am Tisch mit seiner großen Sonnenbrille und sprach zwar nett, aber sehr distanziert mit mir. Ich hatte ein komisches Bauchgefühl und dennoch ließ ich mich einlullen von seinen Worten und fuhr mit ihm zur Wohnung.

Dort angekommen, schloss er die Tür ab, steckte den Schlüssel in die Hosentasche und zog eine Gaspistole. Er hielt sie mir direkt vor mein Gesicht und sagte ganz ruhig „Können wir jetzt reden?" Er wollte sich gegenüber auf die Couch setzen und ich lief automatisch los zur Terrassentür. Es war der reine Fluchtinstinkt. Es waren nur wenige Schritte und dennoch holte er mich ein, ich schrie um Hilfe. Er riss mich an den Haaren runter und schlug mit dem Griff der Pistole zu. Ich höre noch heute den dumpfen Klang des Metalls, als es auf meinem Kopf aufkam. Schmerz fühlte ich in diesem Moment nicht. Er schlug, er trat mich zu Boden und sagte „Wirst du jetzt still sein?"

Dann ließ er plötzlich von mir ab. Für einen kurzen Moment dachte ich, ich wäre tot. Aber er sagte nur: „Du blutest wie Sau."

Erst da spürte ich das warme Gefühl im Nacken. Ich blutete stark, mein Haar war verklebt und ich war wie in Trance. Er schien geschockt und ich schaffte es ihn dazu zu überreden, mich in die Stadt zu bringen. Vorher musste ich mich umziehen, er entsorgte meine blutigen Kleidungsstücke und später auch das graue Stoffsofa, auf dem ich eine Weile blutend saß. Doch dieses Erlebnis der puren Gewalt sollte er noch toppen.

Ein paar Tage später trafen wir uns in einem öffentlichen Café, ich hatte Angst, ihm allein zu begegnen, und wollte möglichst viele Menschen um mich haben. Bei diesem Treffen war auch sein Sohn anwesend. Sie verlangten einige Passwörter von mir und nahmen mir mein Telefon ab. Er sagte mir, er würde den anderen Mann finden und ihn dann „bezahlen" lassen.

Ich hatte Angst und ging zur Polizei. Der junge Beamte, der meine Anzeige wegen Körperverletzung, Freiheitsberaubung und Drohung aufnahm, erschien gleichgültig. Er schrieb alles auf, aber das Gefühl, mir würde geholfen, hatte ich nicht. Voller Angst ging ich zurück ins Apartment in dem Glauben, dort wäre ich sicher. Weit gefehlt.

Als ich die Tür aufschloss, stand er dahinter. Er zog mich ins Wohnzimmer und sagte fröhlich: „Hab ich dich." Wie ein groteskes Fangspiel. Die Waffe hatte er dabei, Spiritus und Alkohol. Er trank und befahl mir, mich auszuziehen und breitbeinig auf einen Sessel zu setzen. Dann zog er seinen Stuhl vor mich und führte den Lauf der Waffe in meine Vagina ein. Er philosophierte über die Wirkung der Gaskartusche, wenn er jetzt abdrücken würde.

Ich war erstarrt vor Angst. In meinem Kopf ging ich mein Leben durch und sagte mir, es wäre egal, ob ich nun sterben würde oder nicht, es war kein gutes Leben gewesen bis hierher. Ich war vorbereitet auf den Schuss.

Aber er wollte es „langsam angehen", wollte noch einige Dinge klären. Also schlug er mir mit dem Griff der Waffe auf die Knie und abermals an den Kopf, die bereits vorhandenen Platzwunden gingen auf und ich spürte mein Blut fließen. Er wollte den Pin für mein Handy und meine übrigen Passwörter. Irgendwann habe ich es ihm gesagt. Ich wollte nur noch, dass es vorbei war. Aber er rief seinen Sohn an und gab ihm die Informationen, die Sekunden, bis dieser die Korrektheit bestätigte, erschienen mir unendlich lang. Mein Körper war für mich nicht mehr spürbar, als wäre ich in einer Hülle und würde schweben. Seine dunklen Augen musterten mich und er nahm einen Schluck Wein nach dem anderen. Er sprach über unsere Ehe und plötzlich hielt er inne und sagte er gäbe mir eine letzte Chance.

In diesem Moment erwachte mein Überlebensinstinkt. Seine Sicht auf meine „letzte Chance" war einfach: Ich würde seine Regeln befolgen und dafür würde er dem anderen Mann nichts tun. Ich ging mit ihm „nach Hause" und saß von da an im Käfig.

Die folgenden vier Wochen glichen einem Gefängnis. Ich stand ständig unter Beobachtung, wurde geschlagen, wann immer er wütend wurde, musste mich nach seinen Wünschen richten. Unzählige Vergewaltigungen, Beschimpfungen und Erniedrigungen habe ich erlitten, um das verhindern, was er immer wieder drohte: „Ich töte ihn ganz langsam und dann dich." Ich wusste, er würde es tun.

Irgendwann hatte ich mich arrangiert, es glich einem dahinvegetieren mit einem immer gleichen Ablauf. Die Tage verschwammen und nachts lag ich vor Angst wach. Er nannte mich nicht mehr beim Namen, nur wenn Dritte dabei waren. Waren wir alleine war ich nur noch das „wertlose Stück Fleisch".

„Ich ertrug alles, um jemand Unschuldigen zu schützen."

Bei jeder Gelegenheit boxte er mich, ohrfeigte, bespuckte und beschimpfte mich. Reagierte ich nicht wie gewünscht, erinnerte er mich an seine Drohung. Sie war wie ein Damoklesschwert über mir. Ich ertrug alles, um jemand Unschuldigen zu schützen.

Eines Abends waren wir auf einer Veranstaltung im Ort. Da er dort nach wie vor sehr engagiert und bedacht auf unsere Außendarstellung war musste ich ihn begleiten. Er trank Korn in rauen Mengen und wurde aggressiver. Ich wusste, an diesem Abend würde er mich wieder angehen.

Zurück in der Wohnung, befahl er mir wie üblich mich auszuziehen. Das Entkleiden gehörte zu seinen Ritualen, ich vermute, es sollte mich erniedrigen und am Weglaufen hindern. Ich sollte mich mit ihm auf das Sofa setzen und er redete vor sich hin.

Plötzlich legte er seinen Unterarm auf meinen Hals und drückte mich an die Lehne. Er erklärte mir so könnte man jemanden erwürgen, ohne dass es Spuren gäbe, und genau das würde er jetzt tun. Er drückte zu und mir wurde schwarz vor Augen. Ich bettelte, er solle aufhören, aber er starrte mich mit seinen schwarzen Augen an und lachte. Ein weiteres Mal dachte ich, ich würde sterben. Mir liefen die Tränen die Wange herunter und ich spürte ein Kribbeln in meinen Händen und Füßen. Dann ließ er ab von mir und ging ins Bad. Zum ersten Mal seit Wochen schloss er die Badezimmertür ab.

In dieser Sekunde funktionierte ich nur noch. Ich griff meine Kleidung vom Boden und meine Handtasche und rannte zur Terrassentür, öffnete sie und rannte nackt durch den Garten. Ich weiß, dass ich dachte: *Nur nicht zur Straße, da wird er dich finden.*

Wir wohnten an einem Waldgebiet in einem Mehrfamilienhaus, ich rannte an den Terrassen vorbei und kam nach einer gefühlten Ewigkeit am Waldrand an. Dort duckte ich mich hinter Bäumen und versuchte ganz leise zu sein. Ich weiß nicht, wie lange ich dort saß, irgendwann hörte ich den Motor des Autos angehen und nutzte die Gelegenheit, mich im Liegen anzuziehen. Unterwegs hatte ich einiges verloren, aber Top, Cardigan und Hose hatte ich noch. In meiner Handtasche war meine Geldbörse mit 50 Euro Bargeld.

Das war also alles, was mir blieb. Eine Hose, ein Top, ein Cardigan und meine Geldbörse. Ich zitterte am ganzen Leib, ich spürte meinen Körper nicht mehr und ich war voller Angst. Ohne Schuhe lief ich durch den Wald, mied die Straßen und schaute mich immer wieder um. Mir war klar: Es gab nur zwei Möglichkeiten. Entweder ich überlebte diese ganze Sache oder ich würde sterben.

Ich wollte leben.

Schließlich konnte ich bei einem sieben Kilometer entfernten Café am frühen Morgen das Frauenhaus anrufen. Drei Tage war ich dort, ein sicherer Ort, und dennoch kamen mir die Mauern des Hauses so schwach vor. Ich traute mich nicht raus, hatte die Vorhänge immer zugezogen und versuchte irgendwie zurechtzukommen. Die Mitarbeiterinnen des Frauenhauses waren eine große Hilfe in dieser schweren Zeit. Sie begleiteten mich zur Polizei, wo ich endlich gehört wurde, ins Krankenhaus zur Untersuchung und Spurensicherung und zum Anwalt.

„Dieses Gefühl, draußen spazieren zu gehen ohne Angst im Nacken, ist unbeschreiblich."

Mit einem Gewaltschutz in der Tasche verließ ich die Stadt, die ich einst so geliebt hatte und in der ich meine Zukunft gesehen hatte. Ich fuhr weit weg in ein anderes Frauenhaus. Dort begann der Heilungsprozess. Auch in diesem Frauenhaus machte ich positive Erfahrungen, erhielt Hilfe und fand Schutz.

Dieses Gefühl, draußen spazieren zu gehen ohne Angst im Nacken, ist unbeschreiblich. Eigene Entscheidungen zu treffen ist nach wie vor eine Aufgabe, aber die Gestaltung meines eigenen Lebens gelingt mir immer mehr. Ich wurde per Härtefallscheidung geschieden, begann eine Traumatherapie, änderte alles und versuche das Erlebte irgendwie zu verarbeiten. Zurzeit läuft noch das Strafverfahren gegen ihn, das hoffentlich nächstes Jahr abgeschlossen wird. Dann ist es vorbei.

Heute weiß ich: Ich war das perfekte Opfer für ihn. Ich war jung, naiv und wollte doch nur geliebt werden. Er muss sich selbst gefeiert haben, als er mich endlich für sich hatte. Die soziale Isolation, die Fokussierung auf seine Person und Wünsche, die komplette Hörigkeit meinerseits – alles von ihm genauso geplant. Er hat mich nicht geliebt, er hat mich benutzt, manipuliert und als ich wieder eigenständig wurde, musste er dies unterbinden. Er ist ein Narzisst aus dem Bilderbuch, ein Jekyll&Hyde, wie selbst die Erschafferin dieser Figuren es sich nicht hätte erträumen lassen.

Im Laufe der Zeit habe ich beschlossen, nicht länger sein Opfer zu sein. Ich werde nie wieder Opfer sein. Ich werde mich nie wieder aufgeben für jemand anderen, nie wieder zurückstecken, wo Kompromisse zweier Menschen nötig wären. Ich lebe ein Leben, das sich gut anfühlt, echt und ehrlich. Ich kann wieder lachen und Menschen an mich heran lassen. Körperliche Nähe ertrage ich noch nicht, aber auch das wird irgendwann wieder gehen.

„Ich werde nie wieder Opfer sein."

Aus der schlimmsten Erfahrung meines Lebens habe ich eines mitgenommen: Einen Neustart, die Möglichkeit, neu zu beginnen und endlich der Mensch zu werden, der ich bin. Frei und selbstbestimmt. Jeder Mensch, der Opfer wurde – sei es psychischer und/oder physischer Gewalt – kann mit diesen Narben ein neues Leben beginnen. Es ist schwer und die Heilung tut weh, sie hat viel mit Selbsterkenntnis zu tun, viel mit Selbstreflektion und vor allem mit Vergebung. Für einen selbst, nicht für jemand anderen.

Der Freiheit entgegen – Familienleben unter Segeln

von Corina Lendfers

Das Glück war immer mit an Bord – eine Familie segelt um die Welt. Der Buchtitel sprang mich aus dem Schaufenster einer Bibliothek an und ich wusste, das würde die nähere Zukunft meiner Familie sein. Obwohl ich noch nie auf einem Segelboot gewesen war, zweifelte ich nicht daran. Es war einer jener Momente in meinem Leben, in dem mir die Entscheidung auf unerklärliche Weise abgenommen wurde.

Wie damals, als ich meinem Lebenspartner begegnet bin. Oder wie später, als ich mich dazu entschließen sollte, unser sechstes Kind alleine zu gebären. Diese innere Stimme ist mir seit meiner Kindheit vertraut, und ich habe ihr mit Ausnahme weniger Jahre meines Lebens immer Gehör geschenkt.

Ich hatte das große Glück, in einem liebevollen und fürsorglichen Elternhaus aufzuwachsen bei einem Vater und einer Mutter, die mein Selbstbewusstsein zu jeder Zeit stärkten. Sie waren die Hüter meiner inneren Stimme, sie hielten mich dazu an, sie wahrzunehmen und ihr zu vertrauen. Dem Leben zu vertrauen.

Ich war schon immer eine Querdenkerin, überschritt Grenzen und forderte meine direkte Umwelt heraus. Und ich tat mich schon immer schwer mit Zeitmanagement. Noch heute kommt es vor, dass ich davon träume, zu spät zu einer Prüfung zu erscheinen.

Meine Schulzeit saß ich bis zum Abitur mehr oder weniger geduldig ab und beschäftigte mich nebenbei mit jenen Dingen, die meine Seele nährten: Ich spielte leidenschaftlich Theater, schrieb Gedichte und Artikel für die Lokalzeitung und sang im Chor. Mein Abiturzeugnis war befriedigend, dafür hatte ich mit zwanzig Jahren bereits erfolgreich Konzerttourneen mit über hundert Mitwirkenden organisiert.

Eigentlich wäre ich gerne Schauspielerin geworden. Aber zum Zeitpunkt der Berufswahl versagte mein Vertrauen in meine innere Stimme und ich beugte mich dem gesellschaftlichen Anspruch, etwas „Sinnvolles" studieren zu müssen, um ausreichend Geld verdienen zu können. Ich besuchte eine Wirtschaftsuniversität und wachte vier Jahre lang morgens mit Bauchschmerzen auf. Ich war definitiv am falschen Platz.

„Eigentlich wäre ich gerne Schauspielerin geworden. Aber zum Zeitpunkt der Berufswahl versagte mein Vertrauen in meine innere Stimme."

Trotzdem zog ich das Studium durch, hatte nebenbei verschiedene Jobs, organisierte einen Universitätsball und unterrichtete mit 23 Jahren am Gymnasium – ohne entsprechende Ausbildung, dafür mit viel Feuer. Mein Studienabschluss war wieder zufriedenstellend, aber immerhin war ich nun Staatswissenschaftlerin und kannte mich in internationalen Beziehungen aus.

Die klassische Laufbahn, die mich durchaus auch ansprach, war der Weg in die Diplomatie. Aber intuitiv spürte ich, dass mir dazu eine essentielle Voraussetzung fehlte: Lebenserfahrung. Ich fühlte mich mit meinen 24 Jahren schlichtweg zu jung, um Diplomatin zu werden. So entschied ich mich gemeinsam mit meinem Lebenspartner, den ich im letzten Studienjahr kennengelernt hatte, für die Gründung unserer Familie.

Sechs Jahre später, 2009, stand ich vor diesem verhängnisvollen Buch. Ich war 30 Jahre alt, lebte mit meinem Partner und vier Kindern in einem selbst entworfenen Haus in einem kleinen Ort in den Schweizer Bergen. Mein Partner arbeitete als Sänger und Dirigent, war tagsüber meistens zuhause und abends unterwegs. Gemeinsam gründeten wir eine Firma für Kulturmanagement, traten mit anderen Musikern als Künstlerensemble an Geburtstagen, Hochzeiten und Firmenanlässen auf, organisierten Konzerte und Kulturaustauschprojekte. Die Kinder begleiteten uns wo immer möglich.

Als das erste Kind in den Kindergarten kam, begann sich mein Leben nach den gesamtgesellschaftlichen Zeitplänen zu richten und ich geriet in permanente Zeitnot, die sich mit jedem weiteren Kindergarten- und Schuleintritt verschärfte. Ich begann zu funktionieren und drohte mich selbst dabei zu verlieren. Mein Partner brachte Geld nach Hause, während ich die Familie organisierte. Das klassische Schema, in das wir nie hatten hineingeraten wollen.

„Der Weg in die Freiheit war lang und harzig."

Wir bereiteten unseren Ausstieg vier Jahre lang vor. Wir lernten segeln, kauften ein Schiff. Bloß unser Haus ließ sich nicht verkaufen. So löste ich im Sommer 2013 schweren Herzens alleine mit inzwischen fünf Kindern im Alter zwischen zwei und neun Jahren meinen Wohnsitz auf, verließ die Schweiz und zog auf unsere Segelyacht in Portugal, während mein Partner zurückblieb, um für die

Hypothekarzinsen zu arbeiten. Eigentlich wollten wir frei sein, offen für alles, was das Leben uns bringen würde. Vor allem aber wollten wir Zeit für uns, füreinander und für die Kinder haben. Dieser getrennte Start passte uns gar nicht, aber wir wollten aufbrechen, bevor die Kinder zu sehr in ihren sozialen Netzen verstrickt waren.

Der Weg in die Freiheit war lang und harzig. Beim fast vierzig Jahre alten Stahlschiff tauchten immer mehr Mängel auf, die meine handwerklichen und technischen Fähigkeiten anfangs überstiegen. Ich wollte doch segelnd mit meiner Familie die Welt entdecken und mich nicht mit Löchern im Rumpf, leeren Bordbatterien und morschem Holz an Deck auseinandersetzen, während mein Partner 2000km entfernt Geld für die Bank verdiente. Sehnsüchtig blickte ich jeder Yacht nach, die das Trok-kendock, auf dem unsere PINUT stand, in Richtung Westen verließ.

Aber der Prozess, zu dem mich unser Schiff zwang, war in mehrerer Hinsicht wertvoll. Ich lernte jeden Winkel kennen und bin heute in der Lage, weitestgehend alle anfallenden Reparaturen selbst zu erledigen. Das spart nicht nur bares Geld, sondern ist auch ein wesentlicher Sicherheitsfaktor auf hoher See, wo wir auf uns allein gestellt sind. Und ich gewann Vertrauen ins Boot und konnte unser Haus im Herzen loslassen. Dadurch ließ es sich nach zwei Jahren erfolgloser Zusammenarbeit mit einer Maklerfirma innerhalb weniger Wochen auf privater Basis verkaufen.

Insgesamt sind wir nun seit über fünf Jahren unterwegs. Gestartet in Portugal, wo ich ein ganzes Jahr mit Schiffsarbeiten verbrachte, lebten wir anderthalb Jahre auf den Kanarischen Inseln, lernten die Kapverden vor Senegal kennen, überquerten in 18 Tagen den Atlantik, waren in Französisch-Guyana und Suriname in Südamerika, schnupperten Karibikluft in Tobago, Trinidad und Grenada, lernten Tauchen auf dem venezolanischen Inselarchipel Los Roques und kamen im September 2018 an einem unserer Traumziele an, in Kolumbien.

Bisher reisten wir ohne Pannen durch die Welt. Unsere Kinder sind ungeimpft und wachsen unbehelligt von Arztbesuchen auf. Ich verfüge über die Samariterausbildung und zwischenzeitlich über ein breites Wissen in naturheilkundlichen Heilmethoden wie Homöopathie, Schüßler Salzen, Moxibution, Fußreflexzonenmassage, Schröpfen und Wirbelsäulentherapie nach Dorn, mit deren Hilfe wir immer wieder erfolgreich kleinere und größere Beschwerden selbst behandelten.

Die Kinder lassen wir frei lernen. Wir geben weder Lerninhalte noch -zeiten vor, da wir davon überzeugt sind, dass nachhaltiges Lernen nur ohne Druck und mit Begeisterung geschieht, am einfachsten durch Spiel.

Indem die Kinder eng mit uns zusammenleben, nehmen sie uns Erwachsene als Vorbilder wahr und streben dieselben Fähigkeiten an, über die wir verfügen. Rechnen, Lesen und Schreiben haben sich alle Kinder selbst beigebracht und trainieren es mit Ausdauer. Bei allen Alltagsarbeiten beteiligen sie sich ganz selbstverständlich. Je nach Interesse helfen sie uns mit Wartungsarbeiten am Schiff, kennen sich mit Elektrik, Segelmanövern und Knotenkunde aus und können den Außenbordmotor am Schlauchboot eigenständig bedienen.

„Nachhaltiges Lernen geschieht nur ohne Druck und mit Begeisterung."

Sie lernen von uns, voneinander und miteinander und häufig auch mit anderen Kindern, die wir unterwegs treffen. Die Fremdsprachen, denen sie begegnen, nehmen sie vorwiegend passiv auf, um sie dann bei entsprechender Gelegenheit innerhalb kürzester Zeit zu sprechen.

Unser Anspruch an unsere Kinder ist der, dass sie herausfinden sollen, was sie begeistert, wo ihre Talente liegen und, daraus folgend, womit sie später ihren Lebensunterhalt verdienen wollen. Sobald sie ihr eigenes Berufsziel entdeckt haben, werden wir ihnen dabei helfen, sich die notwendigen Fähigkeiten dafür anzueignen. Bis dahin belästigen wir sie nicht mit willkürlich zusammengestellten Lehrplänen, die nichts weiter sind, als mehr oder weniger misslungene Versuche, junge Menschen auf eine Zukunft vorzubereiten, die heute noch gar nicht vorausgesehen werden kann.

Um unser Leben zu finanzieren, fliegt mein Partner zweimal jährlich zur Arbeit zurück in die Schweiz. Als Coach und Trainer für Sprechtechnik, Rhetorik und Auftrittskompetenz doziert er blockweise an Universitäten und Fachhochschulen und gibt Seminare. Ich hüte derweil mit den Kindern das Schiff und widme mich seit zwei Jahren einer meiner Leidenschaften, dem Schreiben von Büchern.

Wir erlebten in den vergangenen Jahren viel Schönes, waren an spannenden Orten, knüpften Freundschaften, wuchsen über uns selbst hinaus und ließen uns immer wieder aufs Neue von der enormen Energie und Schönheit des Meeres verzaubern. Das eindrücklichste, berührendste Erlebnis jedoch war die Geburt unseres sechsten Kindes auf unserem Segelboot in Trinidad.

„Ich wusste, dass ich absolut ungestört sein musste, um meine Kraft voll entwickeln und mein Kind sicher zur Welt bringen zu können."

Es sollte – wie die anderen fünf Kinder auch – in unserem Zuhause zur Welt kommen. Mit dem Unterschied, dass unser Zuhause nicht mehr ein Haus, sondern eben ein Schiff war. Wir suchten nach einer Hebamme, die bereit war, die Geburt auf dem Boot in der Karibik zu begleiten. Erfolglos. Gebären im Krankenhaus oder auch im Geburtshaus kam für mich nicht in Frage, zu gut kannte ich mich, meinen Körper und meine Bedürfnisse während des Geburtsvorganges. Ich wusste, dass ich absolut ungestört sein musste, um meine Kraft voll entwickeln und mein Kind sicher zur Welt bringen zu können.

Daher trafen wir die naheliegendste, wenn auch in unserer heutigen Zeit unkonventionellste Entscheidung: Wir wollten die Geburt ohne fremde Hilfe vollbringen. Die Schwangerschaft verlief problemlos, ich war gesund und arbeitete bis zum Schluss körperlich relativ streng auf dem Schiff unter der heißen karibischen Sonne.

Und so kam unser Sohn in Anwesenheit seiner Geschwister mit Hilfe meines Partners in unserer kleinen Kajüte auf dem Segelschiff zur Welt, in einer stürmischen Nacht, in der die Leinen an den Pollern knarrten und wir kräftig von den Wellen des Meeres geschaukelt wurden.

Dieses Geburtserlebnis ist das Gewaltigste, das ich bisher erlebt habe. Ich spürte meinen Körper intensiver als jemals zuvor und entwickelte eine Kraft und eine Stärke in mir, die mir das Gefühl gaben, mit allen Herausforderungen der Welt fertig zu werden.

Und zwischen meinem Partner und mir entstand ein Band, das wohl noch so manchen Sturm des Lebens überstehen dürfte.

„Ich entwickelte eine Kraft und eine Stärke in mir, die mir das Gefühl gaben, mit allen Herausforderungen der Welt fertig zu werden."

Es gibt Momente, in denen wir unseren Lebensstil hinterfragen. Wenn die See rau ist, die Erschöpfung durch Schlafmangel von den Nachtwachen an den Kräften zerrt oder das Chaos im Schiff Überhand nimmt, weil das Boot nicht mit den Kindern mitgewachsen ist. Wenn die Lebensmittelbeschaffung für unsere Großfamilie zum Spießrutenlauf wird, weil die Regale in den Supermärkten spärlich belegt sind und die Ware auf dem Markt bereits beim Anschauen schimmelt. Wenn der sintflutartige Tropenregen wegen poröser Dichtungen durch die Dachluken tropft oder die Behörden uns beim Einklarieren in einem neuen Land stundenlang warten lassen.

Dann sehnen wir uns nach einem großen Haus mit viel Platz, dem Bioladen um die Ecke und einem geregelten Tagesablauf. Aber diese Momente vergehen meist bald wieder. Die Höhen hier sind höher und die Tiefen tiefer als im normalen Leben. Das fordert, aber es hält uns gleichzeitig lebendig.

Am meisten hängen wir an der Freiheit, von der wir regelrecht durchdrungen sind. Natürlich geht sie einher mit einem Höchstmaß an Eigenverantwortung. Aber genau das schätzen wir so an unserem Lebensstil.

„Die Höhen sind höher und die Tiefen tiefer als im normalen Leben."

Ich weiß, dass der Tag kommen wird, an dem wir (zumindest für eine gewisse Zeit) wieder sesshaft werden, damit die Kinder ihre Ausbildungen machen und den Weg in ihr selbstständiges Leben finden können. Dann hoffe ich, dass ich trotz der damit zwangsläufig verbundenen äußeren Zwänge im Kopf und im Herzen frei bleibe.

Mehr von Corina Lendfers auf www.corinalendfers.com und www.segel-vison.com

Wenn der Körper streikt – Ausbruch aus dem Trauma

von Karin Gümmer

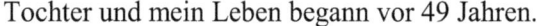

Ich bin alleinerziehende Mama einer wundervollen zwölfjährigen autonomen Tochter und mein Leben begann vor 49 Jahren.

Bereits im zarten Alter von sechs Monaten hatte ich im wahrsten Sinne des Wortes mein erstes einschneidendes (traumatisierendes) Erlebnis. Ich wurde operiert, und dies ohne Narkose. Was heute ein Skandal ist, war bis in die 1980er Jahre normal. Babys wurden ohne Anästhesie operiert, weil die Meinung der Ärzte vorherrschte, dass Babys noch keinen Schmerz empfinden könnten.

Unglaublich. Wenn ich das hier schreibe, schüttelt es mich wieder und mir kommen die Tränen. Ich habe viele Jahre unter Alpträumen gelitten, in denen ein Baby aus Leibeskräften vor Schmerzen schrie.

Es folgte eine Kindheit geprägt von sexuellem Missbrauch (auf den ich nicht näher eingehen will) sowie emotionaler und psychischer Gewalt. Ich wurde für meine Bedürfnisse, für das, was ich fühlte, was ich sagte, was ich wahrnahm, beschämt, gedemütigt und bestraft. Mit dem Mittel der Angst wurde ich in die Anpassung, zum Gehorsam und zum Funktionieren gebracht. So fing ich an, im Außen zu schauen, wie die Erwachsenen mich haben wollten, wie ich mich zu verhalten hatte, um nicht bestraft und gedemütigt zu werden.

„Mit dem Mittel der Angst wurde ich in die Anpassung, zum Gehorsam und zum Funktionieren gebracht."

Eine Überlebensstrategie. In mir tobte ein Kampf, denn mein Wunsch war es, so angenommen zu werden, wie ich war. Aber dies wurde mir verwehrt. Stück für Stück entfernte ich mich von mir selbst, von meiner Wahrheit, von meinem Sein und verlor mich.

Um zu überleben schaltete ich meine Körperwahrnehmung ab und fing an, alles über den Verstand zu steuern und zu kontrollieren. Ich war geleitet von Angst und dem Gefühl, falsch zu sein, nicht gut genug zu sein. Ich wollte es den anderen Menschen Recht machen mit dem Ziel, Anerkennung, Respekt, Wertschätzung und Liebe zu bekommen. Und das ausgerechnet von denen, die mir dies all das nicht geben konnten. Ich hatte einen hohen Anspruch an mich selbst entwickelt. Ich wollte perfekt sein, weil ich dachte, erst dann wäre ich wertvoll.

Meine Sturm- und Drangzeit verbrachte ich zum Teil in der Punkszene mit exzessiven Partys, machte die Nächte zum Tag und spielte zwölf Jahre lang Fußball.

„Ich ging immer wieder über meine körperlichen und emotionalen Grenzen, ließ es zu, dass andere über meine Grenzen gingen."

Aber es gab schon immer eine Kraft, eine leise Stimme in mir, die verhinderte, dass ich abrutschte. Ich machte eine Ausbildung zur Arztsekretärin und arbeitete in unterschiedlichen (radiologischen) Praxen und internistischen Abteilungen von Krankenhäusern. Ich ging immer wieder über meine körperlichen und emotionalen Grenzen, ließ es zu, dass andere über meine Grenzen gingen und funktionierte perfekt in der Berufswelt ebenso wie in meinem Alltag. Überstunden bis zum Abwinken, weil ich ja nicht Nein sagen durfte.

1994 nahm ich für ein halbes Jahr unbezahlten Urlaub und reiste auf eine Melonenplantage nach Westaustralien. Es war eine unglaubliche Zeit. Dieses Land berührte meine Seele. Ich half im Farmerhaushalt, betreute zwei Kinder und pickte hin und wieder *melons*. Von dem verdienten Taschengeld durchquerte ich mit lieben Menschen, die ich dort kennengelernt hatte, in einem gemieteten Auto die Kimberleys. Abends rollten wir am Lagerfeuer unseren Swag aus und schliefen unter einem unglaublichen Sternenhimmel.

Irgendwann trennten sich unsere Wege. Mein nächstes Ziel war Darwin im Norden Australiens. Ich brauchte dringend eine Mitfahrgelegenheit und fragte in den Coldstores nach, wo die gepickten Melonen gelagert wurden, um von den Fahrern der Roadtrains quer durch Australien transportiert zu werden. Zwei Wochen später saß ich in einem Roadtrain mit zwei australischen Truckfahrern und durchquerte das australische Outback. Ich hatte ganz schön die Hose voll und fragte mich, was ich hier eigentlich machte und ob ich nicht wahnsinnig wäre, mit zwei wildfremden Männern 1085 km durch endlose Weiten zu fahren. Aber ich kam wohlbehalten in Darwin an und es lag eine erlebnisreiche und auch lustige Fahrt hinter mir.

Ich blieb einige Zeit in Darwin, dann ging es weiter nach Cairns und dann leider auch irgendwann Richtung Melbourne, von wo aus ich mit einem Rucksack voller Eindrücke, Begegnungen und einer tiefen Seelenverbundenheit zu diesem Land zurück nach Deutschland flog.

Eigentlich wollte ich in Deutschland meine Zelte abbrechen, meinen Job kündigen und erneut nach Australien reisen. Aber erst einmal angekommen und zurück in meinen Beruf, befand ich mich bald wieder im Hamsterrad. Zudem lief mir mein zukünftiger Mann und mittlerweile Exmann über den Weg und ich verabschiedete mich von meinem Traum.

Aber meine Sehnsucht nach Australien war riesig, und so flogen wir gemeinsam, mein Exmann und ich, 1996 für fünf Wochen nach Downunder. Er hatte Semesterferien und ich unendlich viele Überstunden, die es mir ermöglichten, so lange Urlaub zu nehmen.

Wir fingen gemeinsam an davon zu träumen nach Australien auszuwandern. Aber jedes Mal zurück in Deutschland holte mich der Alltag wieder ein. Mein Exmann steckte mitten im Studium, für ihn kam kein Auslandssemester in Frage.

Ich fügte mich. Meine Angst war zu groß, den Schritt alleine zu wagen, und außerdem hatte ich das Bedürfnis, die Erlebnisse mit jemandem an meiner Seite zu teilen und solch ein Abenteuer gemeinsam zu verwirklichen. Rückblickend hatte ich es mir einfach alleine nicht zugetraut und steckte bereits in einer Abhängigkeit.

Es folgten weitere Reisen 1998, 1999, 2000. Das Einfügen in Deutschland wurde immer schwieriger, weil ich nicht meinem Herzen gefolgt war. So kam mein erster Zusammenbrauch 1998. Ich wurde krank, bekam schwerste Neurodermitis und Fibromyalgie. Nun war ich erst einmal außer Gefecht gesetzt und dauerkrankgeschrieben.

In dieser Zeit erlebte ich viele demütigende Termine und Untersuchungen. Allerdings schenkte ich all den Aussagen und Maßnahmen keinen Glauben und nahm die Verantwortung für meine Gesundheit in die eigene Hand. Ich verzichtete komplett auf Schmerzmittel und Cortison und nahm die Schmerzen an als Weg. Ich ging auf die Suche, probierte viel aus von Osteopathie über andere alternative Behandlungsmethoden. Mein Zustand stabilisierte sich, aber ich war noch nicht zufrieden. Ich wollte schmerzfrei sein und wieder gesund werden.

Bei meiner Suche stieß ich auf die Alexander-Technik. Dies war mein Weg in die Heilung. Als ich stabil genug war, nahm ich das Studium zur Lehrerin der Alexander-Technik auf. Mein Antrieb dabei war gar nicht, mich einmal damit selbstständig zu machen, sondern ich sah dies als Weg, mich mit mir auseinanderzusetzen und mich wieder Stück für Stück mit mir selbst zu verbinden.

„Ich wollte schmerzfrei sein und wieder gesund werden."

Drei Jahre intensive Auseinandersetzung mit mir selbst und meinen Prägungen, Konditionierungen, Denk- Glaubens- und Verhaltensmustern in Hannover und Konstanz brachen an. In Konstanz hatte ich die Möglichkeit, im Rahmen meines Studiums an einer freien aktiven Schule zu hospitieren. Das war ein Schlüsselerlebnis für mich. Die (innere) Haltung und die Klarheit der Erwachsenen, das Selbstbewusstsein und die Offenheit der Kinder sowie das respektvolle und gleichwürdige Miteinander berührten mich tief, stießen etwas in mir an und stellten so die Weichen für meinen weiteren Weg.

Aber es sollte ein langer Weg dorthin werden. Ich verschlang sämtliche Bücher über selbstbestimmtes Leben und Lernen, die mir in der freien Schule in die Hände fielen. Besonders bewegten mich die Bücher der Pikler-Pädagogik und die Bücher von Rebeca und Maurico Wild. Bewegt dahingehend, dass sie mein tief vergrabenes Trauma der gewaltvollen Erfahrungen berührten und einen Schmerz freilegten, der mich sehr traurig machte. *Was wäre gewesen, wenn ich so hätte aufwachsen dürfen? Wer wäre ich dann? Wo wäre ich, wie wäre ich?* All diese Fragen kamen mir in den Sinn.

Auf der anderen Seite lag in den Büchern so viel Hoffnung für neue Wege im Umgang mit mir selbst, meinen Mitmenschen und vor allem meinen eigenen und den mir anvertrauten Kindern. In mir war der tiefe Wunsch erwacht, wenn ich einmal Kinder haben sollte, diesen Weg mit ihnen gemeinsam beschreiten zu wollen. Miteinander wachsen und voneinander lernen.

Parallel zu meinem Studium der Alexandertechnik bildete ich mich in der Pikler-Pädagogik fort. Innerhalb dieser drei Jahre meines Studiums entschieden sich mein Exmann und ich ein Haus in größtmöglicher Eigenleistung zu bauen, was viel Zeit in Anspruch nahm. Mittlerweile hatte er sein Studium beendet und einen festen Arbeitsvertrag in der Tasche.

Ich arbeitete neben meinem Studium in einem Bioladen und in einer homöopathischen Praxis, um mein Studium zu finanzieren. Nebenbei schuftete ich wie ein Kerl auf unserer Baustelle. 2003 wurde geheiratet, 2004 schloss ich mein Studium erfolgreich ab und eröffnete meine Praxis für Alexander-Technik in unserem Haus.

2005 kam unsere Tochter zuhause auf die Welt, und mit ihr begann ein komplett neues Leben. Ich war auf einmal Mama. Das Abenteuer Wachsen begann.

Leider machte ich die Rechnung ohne meinen Exmann. So sehr hatte ich mir eine kleine, harmonische Familie gewünscht, in der wir gemeinsam neue Wege gehen konnten. Das war aber nicht das Anliegen meines Exmannes. Er wollte sich weder mit seiner Tochter noch mit seiner eigenen Geschichte auseinandersetzen, er wiederholte sie lieber.

„Ich war auf einmal Mama. Das Abenteuer Wachsen begann."

Darunter litt ich sehr, was ich mir aber nicht eingestehen wollte. Ich lebte in einer Illusion. Der Illusion einer glücklichen Familie, der Illusion eines Ehemannes und Vaters, der auch die Bedürfnisse der Menschen in seiner unmittelbaren Nähe achtete und wertschätzte. Ich dachte mir immer wieder, je mehr ich geben und ihm für seine Karriere den Rücken freihalten, alle emotionale Last auf meinen Schultern tragen würde, so würde er es eines Tages erkennen.

Weit gefehlt. Ich war auf hohem Niveau alleinerziehend. Auf hohem Niveau, weil mein Exmann gut verdiente und ich materiell abgesichert war, dafür emotional völlig ausgehungert. Ich fühlte mich an seiner Seite immer kleiner und wertloser. Meinen Beruf akzeptierte er nie, sondern belächelte ihn.

Irgendwann fing ich an, an mir selbst zu zweifeln. Ich fühlte mich schuldig und wertlos. Jegliche Angebote, eine Paartherapie zu machen, sich auf Zeit zu trennen, um zu schauen, was wir noch füreinander empfanden, etc. wurden von ihm abgelehnt mit der Begründung, dass er keine Probleme hätte und er nicht wüsste, was ich von ihm wollte. Ich überlegte, wie ich meinen Exmann erreichen konnte, welche Sprache ich denn noch sprechen musste, um gehört und verstanden zu werden.

*„Irgendwann fing ich an, an mir selbst
zu zweifeln."*

Mein Anspruch, alles perfekt zu machen, Haushalt,
Kind, Garten und meinem Mann den Rücken frei
halten, führte dazu, dass ich 2012 zusammenbrach.
Mein Körpergewicht war bei einer Größe von 174
cm bei 37 kg. Ich war ausgebrannt, schwer depressiv und litt unter Angststörungen, Panikattacken
und Flashbacks und schlief monatelang nicht mehr.

Mein Exmann konnte damit nicht umgehen. Anstatt mir den Rücken zu stärken und mir Halt zu
geben, arbeitete er noch mehr als vorher und ließ
mich mit unserer Tochter allein. Ich war kaum in
der Lage, meinen Alltag zu bewältigen und mich
um mich selbst zu kümmern, trotzdem war ich für
meine Tochter da. Sie war mein Motor weiterzu-
machen. Eine Nachbarin unterstützte mich und bot
mir an, zu ihr zu kommen, wenn ich Hilfe
brauchte.

Sobald mein Exmann zuhause war, beschimpfte
er mich, dass ich nichts auf die Reihe kriegen würde. Wenn ich vor Schmerzen am Boden, lag trat er
mich und stieg über mich hinweg mit den Worten,
das würde ja keiner mehr aushalten. Immer wieder
nahm ich meine Kraft zusammen, um mich und
meine Tochter zu schützen.

Ich wusste nicht mehr weiter. Der Schlafmangel
und die wahnsinnige Angst raubten mir die letzten

Kräfte, sodass ich mich auf der Suche nach Hilfe in eine psychosomatische Akutklinik einweisen ließ. Was ich dort an menschenunwürdigem Verhalten erlebte, kann ich gar nicht in Worte fassen.

Die Aufnahme fand in der geschlossenen Abteilung der Klinik statt. Ich wurde auf Antidepressiva und Schlaftabletten eingestellt. Meine Wahrnehmung war aufgrund des geringen Körpergewichtes noch intensiver als früher, der Schutz war weg und alles drang in mich ein. Aufgrund der Tatsache, dass ich mich selbst eingewiesen hatte und mit dem Vorteil, zum damaligen Zeitpunkt Privatpatientin gewesen zu sein, verweigerte ich die Aufnahme auf die geschlossene Station. Der Chefarzt stimmte zu.

„Wie viel Demütigung kann ein Mensch aushalten, ohne zu zerbrechen?"

Eine erneute Vorstellung bei der Oberärztin auf der offenen Station erfolgte. Sie bluffte mich an, wenn es nach ihr gegangen wäre, dann wäre ich in die geschlossene Station gekommen und sie hätte mich mit Sahne zwangsernährt, bis ich gekotzt hätte. Dann las sie meinen Lebenslauf und sagte zu mir: „Ach, Sie sind ja auch mal im therapeutischen Bereich tätig gewesen. Wie ist es jetzt für Sie, auf der anderen Seite zu sein? Fühlt sich Scheiße an, oder?"

Wie viel Demütigung kann ein Mensch aushalten, ohne zu zerbrechen? Meinen Erfahrungen in dieser Klinik und dem Umgang mit psychisch erkrankten Menschen könnte ich ein eigenes Buch widmen.

Ich entließ mich nach drei Tagen selbst. Mein Exmann holte mich genervt ab. Nun saß ich wieder zuhause. Aber für mich war klar, dass die Klinik kein Ort war, an dem ich gesunden konnte.

Wie sollte es weitergehen? Mein Alltag war bestimmt von Angst und Panik, von Schuld- und Schamgefühlen und Demütigungen. Aber, und das rettete mir im Grunde mein Leben, ich war Mama und wusste um meine Verantwortung. Ich entschied mich, die Medikamente von heute auf morgen abzusetzen und mich all meinen Gefühlen und den Bildern zu stellen, diese anzunehmen und zu durchleben. Ich ging durch die Hölle.

Eines Tages kam der Anruf einer anthroposophischen Mutter-Kind-Einrichtung im Allgäu, in der ich mich schon anderthalb Jahre zuvor angemeldet hatte und auf eine Warteliste gesetzt worden war, dass kurzfristig ein Termin für mich und meine Tochter frei geworden wäre. Das war ein kleiner Lichtblick.

„Mutig sein bedeutet nicht, keine Angst zu haben, sondern es trotzdem zu machen."

Ich fuhr gemeinsam mit meiner Tochter ins Allgäu, Angst und Panik im Gepäck, die waren immer dabei. Trotz des Gelähmtseins vor Angst machte ich immer wieder Schritte vorwärts. Mutig sein bedeutet nicht, keine Angst zu haben, sondern es trotzdem zu machen.

Am dritten Tag unseres Aufenthaltes rief ich zuhause an. Da eröffnete mir mein Exmann, dass er jetzt ja Zeit hätte zum Nachdenken und auch mal um auszugehen und dass er dabei jemanden kennengelernt hätte. Kurzum: „Ich bin dabei, meine Sachen zu packen und auszuziehen."

Ich hatte das Gefühl, den Boden unter den Füßen zu verlieren. *Wie soll ich das alleine schaffen?* Ich wollte die Kur abbrechen, blieb aber auf Anraten einer Freundin und meines Onkels. Des Nachts, wenn alles schlief, nur ich nicht, spazierte ich durch das Kurhaus, weil ich keine Ruhe finden konnte. Das ständige Gedankenkarussell drehte sich unaufhörlich.

Dann kam der Tag der Rückreise. Ankunft in einem kalten Zuhause. Einiges hatte mein Exmann bereits mitgenommen. Komplett ausgeräumt war das Büro, sämtliche Ordner hatte er eingepackt. Ich hatte keine Unterlagen mehr. Nichts. Nur meinen

Ordner mit meinen persönlichen Kontoauszügen hatte er mir dagelassen.

Zum Glück gab es Menschen, die mir Halt gaben. Einer davon war mein Onkel, ein pensionierter Richter. Er unterstützte mich finanziell, emotional und juristisch. Es kostete mich Überwindung ihn um Hilfe zu bitten.

Als mein Exmann unmittelbar nach unserer Rückkehr unsere gemeinsame Tochter für ein Wochenende zu sich holte und mir dabei einen Schmierzettel mit Zahlen drauf überreichte mit den Worten: „Hier für dich, ich habe mal ausgerechnet, was dir an Unterhalt zusteht", griff ich zum Hörer. Mein Onkel kam, schaute sich alles an und sagte nur: „Unverschämter geht es nicht mehr."

Es folgte ein anderthalbjähriger außergerichtlicher Kampf um mein Recht. Dank an meinen Onkel, ohne ihn hätte mein Exmann mich mit einem Butterbrot abgespeist.

Es war die klassische Ehe gewesen. Mein Exmann als diplomierter Kaufmann hatte den finanziellen, versicherungstechnischen und steuerlichen Part übernommen. Ich hatte ihm all das auch gerne überlassen. Zum einen, weil es nicht gerade mein Steckenpferd ist, zum andern, weil ich ihm vertraut hatte und froh gewesen war, dass ich mich darum nicht hatte kümmern müssen. Ein Fehler. Aber bei all dem, was ich in der Ehe hatte auffangen müssen, hatte ich keine Kraft mehr, mich da einzuarbeiten.

„Mein Zuhause loszulassen tat weh."

Nun saß ich nach der Kur mit meiner Tochter in unserem Haus und wusste nicht, wie es weitergehen sollte. Mir ging es nach wie vor gesundheitlich schlecht. Dass ich unser Haus nicht würde halten können, war mir klar. Aber ich konnte es auch nicht loslassen, es war unser Zuhause! Ich hatte es mit meinen eigenen Händen aufgebaut, meine Tochter war hier geboren worden, ihre Kleinkindzeit hatte sie hier verbracht. So viele Erinnerungen. Das loszulassen tat weh.

In meiner Not wandte ich mich erneut an meinen Onkel. Er sagte mir seine Unterstützung zu, wofür auch immer ich mich entscheiden würde. Da wusste ich: Bevor ich das Haus loslassen würde, wollte ich mit meiner Tochter nach Australien fliegen via work away. Mir war klar, dass ich Abstand brauchte, und zwar am besten soweit weg wie möglich. Ich wollte in meine Seelenheimat.

Wir räumten unser Haus und konnten unsere Möbel und Kartons im Bauernhaus einer Verwandten einlagern. Andere Menschen gehen in meinem Zustand in die Klinik. Ich setzte mich in ein Flugzeug. Meinem Onkel bin ich bis heute von ganzem Herzen dankbar, dass er diese Entscheidung mittrug und mir sein Vertrauen schenkte.

„Andere Menschen gehen in meinem
Zustand in die Klinik. Ich setzte mich in
ein Flugzeug."

Die Reise von Februar bis Mai 2014 nach Australien war der erste Schritt meiner Reise zu mir selbst auf dem Weg meiner Heilung. Der große Abstand. Die Sonne, die Wärme, der Duft des Landes, das Meer. Ich hatte einen Kost-und-Logis-gegen-Arbeit-Aufenthalt bei einer Familie im Hinterland von Byron Bay gefunden.

Zurück in Deutschland, zog ich mit meiner Tochter in das Gästezimmer bei meinen Eltern ein, weil nichts zu finden war auf dem Wohnungsmarkt. Es war eine emotional schwierige Situation.

In mir erwachte erneut das Bedürfnis nach einer nährenden Gemeinschaft. Ich hatte, wie schon in den Jahren meiner Ehe, Sehnsucht nach einer Gemeinschaft von Menschen, die miteinander leben, sich reiben, wo Kinder in und mit der Natur aufwachsen können, immer Ansprechpartner haben und Kinder zum Spielen, die Türen offen stehen und es gleichzeitig auch die Möglichkeit gibt, sich bei Bedarf zurückzuziehen und für sich zu sein. Die Idee, eine Gemeinschaft anzuschauen, nahm eine immer konkretere Form an, und schließlich verschlug es uns zum Probewohnen nach Österreich. Dort lebten wir acht Wochen lang und meine Tochter besuchte die Freie Schule.

Nach den acht Wochen saßen wir wieder bei meinen Eltern im Gästezimmer. In dieser Zeit verkaufte ich unser Zuhause. Ich hängte meine Telefonnummer an den Staketenzaun: *Haus zu verkaufen!* Mit meiner Tochter machte ich ein kleines Ritual, wir verabschiedeten uns und bedankten uns für die Zeit dort.

Wohin nun? Die Situation bei meinen Eltern war unerträglich und kein Wohnraum in Sicht. Durch eine Freundin fand ich eine Wohnung, in der wir seit November 2014 leben. Für meine Tochter fand ich einen Platz in einer Waldorfschule.

Während der Zeit bei meinen Eltern war ich zusammen mit meiner Tochter sehr viel im Wald. Wir bauten uns ein Tipi. Für mich ist die Natur eine Heilerin. In der Natur können wir Kraft tanken. Wir können lernen in die Stille zu gehen.

Im Juli 2015 fuhr meine Tochter für drei Wochen mit ihrem Vater in den Urlaub. In dieser Zeit lebte ich quasi im Wald. Völlig auf mich zurückgeworfen, spürte und durchlebte ich all meine Gefühle. Ich nahm sie an, hielt sie aus, arbeitete sie durch. Ich kam langsam zur Ruhe und konnte endlich wieder stundenweise schlafen. Die Dunkelheit im Wald ist etwas Besonderes. Geräusche und Gerüche sind intensiver.

„Ich empfinde es nach wie vor als gro-
ßes Geschenk, abends ins Bett zu ge-
hen und schlafen zu können."

Anschließend fuhr ich mit meiner Tochter zum
Campen in die Toskana. Zum ersten Mal schlief
ich nachts wieder durch. Ich empfinde es nach wie
vor als großes Geschenk, abends ins Bett zu gehen
und schlafen zu können. Mich hinzulegen. Einzu-
kuscheln, die Augen zu schließen ohne Kopfkino
und Bilderflashs. Dafür bin ich zutiefst dankbar.

Im Urlaub berichtete mir meine Tochter von
ihrer Situation an der Waldorfschule. Sie wurde
gemobbt und wollte nicht mehr dorthin. Die Lehrer
würden ihr nicht glauben.

Am ersten Schultag nach den Sommerferien
brachte ich sie zur Schule. Sie weigerte sich, in den
Klassenraum zu gehen.

Die Gespräche mit den Lehrern waren frustrie-
rend. Es war einer beherzten Mitschülerin zu verdanken, die für meine Tochter aufstand und sagte,
dass sie bezeugen könne, dass meine Tochter
Recht hätte und sie oft genug dabei gewesen wäre,
wenn sie beleidigt und beschimpft, wenn ihr ein
Bein gestellt oder ihr Schulranzen durch die Klasse
geschmissen worden war. Daraufhin rief mich die
Lehrerin an und sagte, sie hätte mit der Klasse gesprochen, jetzt sei ja alles geklärt und wieder gut
und meine Tochter könnte wiederkommen. Es ver-

schlug mir die Sprache. Meine Tochter wollte diesen Ort nicht mehr betreten. Daraufhin wurde sie erst einmal krankgeschrieben.

Gleichzeitig bekam ich in meinem Job erste kleinere Aufträge aus dem Ausland. Meine erste Reise sollte mich nach Griechenland führen, wo ich die Alexandertechnik in verschiedenen Betrieben vorstellen konnte. Mein Beruf begann sich in die Richtung zu entwickeln, die ich schon lange angestrebt hatte: Ich wollte Reisen und Arbeiten miteinander verbinden.

Um meine Tochter auf meine Reisen mitnehmen zu können, vereinbarte ich mit dem Landesschulamt, dass sie je nach meiner Auftragslage mit mir unterwegs oder in der Schule sein sollte. Alles, was ich brauchte, war eine Stammschule, die mit uns zusammenarbeitete.

Ich kontaktierte die Waldorfschule, die sich aber nicht als Stammschule zur Verfügung stellte. Stattdessen bestärkte sie mich darin, meine Tochter von der Schule abzumelden. Eine unbequeme Schülerin mit einer unbequemen Mutter, die ihr Kind auch noch unterstützte, damit wollte die Schule offensichtlich nichts zu tun haben. So meldete ich meine Tochter ab und unternahm mit ihr meine erste Geschäftsreise nach Griechenland.

Dann bekam ich Besuch vom Jugendamt. Für die Abmeldung meiner Tochter benötigte ich das Einverständnis meines Exmannes, da wir das gemeinsame Sorgerecht hatten. Mein Exmann war nicht damit einverstanden, dass seine Tochter nicht mehr in die Schule gehen sollte.

Ein langwieriger Prozess begann, indem ich von Beginn weg die schlechteren Karten hatte. Mein Mann verfügte durch seinen Job über hohes Ansehen und entsprechend viel Einfluss.

Immerhin konnte meine Tochter anderthalb Jahre lang bei mir sein und dabei ohne Druck lernen. Es berührte mich tief zu beobachten, wie sie aufblühte und wie kreativ sie arbeitete. Sie befasste sich mit allem, sei es Geschichte, Erdkunde oder Mathematik, sie interessierte sich für alles.

„Noch heute schüttelt es mich, wenn ich daran denke, wie viel struktureller Gewalt ich und auch meine Tochter ausgesetzt gewesen waren."

Als wir von einer Geschäftsreise nach Österreich zurückkehrten, erwartete mich eine Vorladung des Familiengerichtes. Mein Exmann hatte Anzeige gegen mich erstattet. Das Gericht entzog mir das Aufenthaltsbestimmungsrecht sowie das Recht auf Mitbestimmung bei schulischen Angelegenheiten. Noch heute schüttelt es mich, wenn ich daran denke, wie viel struktureller Gewalt ich und auch meine Tochter ausgesetzt gewesen waren. Eine Jugendamtmitarbeiterin beschimpfte mich als Tingel-tangel-Mutter, als Pippi-Langstrumpf-Mutter, und keine Richterin griff ein. E-mails von mir verschwanden spurlos aus den Akten. Ich war aufgrund der gesellschaftlichen Stellung meines Exmannes vorverurteilt. Ihn konnte keine Schuld treffen, aber ich als Mutter, die ihr Kind aus der Schule genommen hatte, um meiner Arbeit nachgehen zu können, hatte Kindswohlgefährdung begangen. Dabei interessierte sich gar niemand für das Kind. Meine Tochter bat mehrmals darum, selbst eine Aussage machen zu dürfen, aber sie fand kein Gehör.

Ich zog das Urteil ans Oberlandesgericht weiter und stieß dort auf drei ältere Richter, die mich gar nicht erst anhören wollten, sondern mich gleich zu Beginn vor die Wahl stellten. Entweder, ich würde meine Tochter wieder zur Schule schicken und die verlorenen Rechte zurückbekommen, oder sie würden mir das Sorgerecht ganz entziehen. Offensichtlich waren sie der Meinung, das Kindeswohl könne nur durch Schulbesuch gewährleistet werden.

Mein Exmann wollte auf keinen Fall das alleinige Sorgerecht für seine Tochter bekommen, das hatte er in jedem Brief seiner Anwältin klar gemacht. Ich ließ mich schweren Herzens auf das unrechte Geschäft ein und schickte meine Tochter in unserer Stadt in eine Oberschule, die ich zum Glück als Stammschule gewinnen konnte. So könnte ich nun eigentlich nach Vereinbarung mit dem Landesschulamt und laut Gesetz als geschäftlich Reisende meine Tochter während meiner Reisen aus der Schule nehmen, damit sie mich begleiten kann. Allerdings bekam ich meine Rechte vom Oberlandesgericht nur mit der Auflage zurück, dass meine Tochter nicht öfter als zweimal zwei Wochen pro Jahr mit mir unterwegs sein darf. Die restliche Zeit, während derer ich beruflich reise, muss sie bei ihrem Vater verbringen. Da sie das nicht möchte, habe ich bereits Anfragen abgelehnt, um nicht zu häufig fort zu sein. Dieser Schulstreit zwischen meinem Exmann und mir belastet uns nicht nur psychisch, sondern hat nun für mich auch finanzielle Einbußen zur Folge.

In der neuen Schule geht es meiner Tochter wieder nicht gut. Ihre Situation hat mich dazu veranlasst, selbst eine Freie Schule zu gründen. Gemeinsam mit einem tollen Team sind wir nun seit einem Jahr dabei, und wenn alles gelingt, können wir die Schule im kommenden Frühling 2019 eröffnen. Dann hat der lange Kampf um selbstbestimmtes Lernen (und Leben) endlich ein Ende.

In den vergangenen Jahren befasste ich mich intensiv, bedingt durch meine eigene schwere Krise, mit den Themen Trauma, Traumaheilung sowie Tiefenpsychologie, was mich 2015 zum Authentic Movement nach Janet Adler führte. Seit 2017 bin ich durch die AWO Essen zertifizierte DialogProzessBegleiterin und seit April 2018 nun auch zertifizierte Fachkraft für Traumapädagogik.

„In uns sind die Kraft, die wir brauchen, um wieder aufzustehen, die Geduld und das Vertrauen, die uns zu fehlen scheinen, der Mut, der uns weiterbringt."

Ich bin durch die Hölle gegangen, kann aber aus eigener Erfahrung sagen, dass mehr in uns steckt, als wir glauben. In uns sind die Kraft, die wir brauchen, um wieder aufzustehen, die Geduld und das Vertrauen, die uns zu fehlen scheinen, der Mut, der uns weiterbringt. Ich habe es selbst erlebt. Ich weiß, dass es möglich ist, denn ich habe es geschafft. Ich habe es geschafft, tiefe Täler zu durchschreiten und durch die Dunkelheit zu gehen, durch Depression, Angst, Panik, Schuld- und Schamgefühle und durch Schmerzen, Schmerzen so stark, als würden sie mich zerreißen.

Meine traumapädagogische Abschlussarbeit habe ich dem Thema *Emotionale Gewalt und ihre Auswirkungen* gewidmet. Hier schließt sich ein Kreis. Ich habe es geschafft, meinem Trauma einen Sinn zu geben, meine lange Reise führte mich hierher. Ich musste all dies erleben und erfahren. Nur so kann ich Frauen/Müttern helfen, ihre eigene Geschichte anzunehmen, ihnen helfen und sie unterstützen, sich wieder selbst zu spüren, in ihre Kraft zu kommen und ihre eigenen Prägungen nicht auf ihre Kinder zu übertragen.

Ich habe gelernt, dass alles im Leben einen Sinn hat und dass es sich immer lohnt, aus jeder noch so aussichtslosen Situation das Beste zu machen.

Mehr von Karin Gümmer auf www.karin-guemmer.de und www.freierbildungsraum.de

Mein Leben auf der Seife - Neuanfänge

von Gabriele-Saskia Drungowski

Mein Name ist Gabriele-Saskia Drungowski. Meine Freunde nennen mich einfach Saskia. Ich bin 59 Jahre jung und lebe derzeit in einem beschaulich kleinen Ort in Oberbayern. Vor vielen Jahren habe ich Ballett studiert an der Hochschule in München und bin seitdem auf einem abenteuerlichen Weg. Ein Weg, der mich tief zu mir selbst führte.

Durch die Ausbildung zur klassischen Tänzerin war ich zu einer sehr disziplinierten jungen Frau herangewachsen. Man muss sich das einmal vorstellen: Wir hatten mindestens fünf Stunden am Tag trainiert, manchmal auch mehr, und ab und zu hatten wir schon damals einen Auftritt in der Oper als Elevin. Wenn man so intensiv Ballett macht, hat man zu den Normalsterblichen draußen in der Welt kaum Kontakt. In meinen Gedanken nannte ich diese Menschen immer Aliens, so weit entfernt voneinander fühlten sich für mich unsere Universen an.

Ich tanzte mich bis zur professionellen Tänzerin empor. Zuerst dachte ich, ein Traum wäre wahr geworden. Aber als ich tiefer hineinschaute in das, was ich damals tat, stellte ich fest, wie sehr ich von den jeweiligen Launen und dem Geschmack der Ballettmeister abhängig war. Manche von uns konnten sich anstrengen, wie sie wollten, es war nie gut genug. Einer Kollegin damals war das alles zu viel, und sie stürzte sich von einem Hochhaus.

Durch dieses grauenhafte Erlebnis wurde ich wachgerüttelt. Ganz tief aus meinem Inneren drang die Frage herauf: *Was machst du da?* Dennoch machte ich weiter, bis mir eines Tages mitten im Training der Kragen platzte. Ich hatte einen fürchterlichen Streit mit meiner Ballettmeisterin, was einer Gotteslästerung gleichkam. Ich schrie sie an und spie all den Schmerz und die angestaute Aggression aus mir heraus. Ich sagte ihr, was ich von ihrer Art, mit Menschen umzugehen, hielt. Damit hatte ich es mir für alle Zeit vermasselt, zumindest in diesem Haus.

„Das war das erste Mal, dass ich mich entschied, etwas völlig anderes zu machen als bisher."

Aus diesem Impuls heraus entschied ich mich von einem Tag auf den anderen aufzuhören. Dieser

Entscheid ging nicht spurlos an mir vorbei, hatte ich doch seit meiner Kindheit davon geträumt, Tänzerin zu werden. Das plötzliche Ende führte auch zu unangenehmen körperlichen Symptomen, ich hatte ja kein bisschen abtrainiert. Durch die Hilfe meiner geliebten Mutter erholte ich mich langsam und war bald fähig mich neu zu orientieren.

Das war das erste Mal, dass ich mich entschied, etwas völlig anderes zu machen als bisher. Um neben dem Tanz etwas Geld zu verdienen, hatte ich seit Längerem Werbefotos gemacht. Durch dieses Hobby lernte ich nun eine recht bekannte junge Schauspielerin kennen, die mich unter ihre Fittiche nahm. Ich war anfangs etwas naiv, kannte ich diese neue Welt doch überhaupt nicht. Meine neue Bekanntschaft nahm mich mit auf die angesagtesten Partys und stellte mich Leuten vor, die ich bisher, wenn überhaupt, nur aus dem Fernsehen kannte.

Irgendwann wurde ein Regieassistent eines bekannten deutschen Regisseurs auf mich aufmerksam. Es entwickelte sich eine Freundschaft, die dazu führte, dass ich als zweite Regieassistentin eingearbeitet wurde. Ich lernte alles von der Pike auf und wurde nach nicht sehr langer Zeit gut gebucht für Film und Fernsehen.

Eine extrem aufregende Zeit begann. Alles war eher extrovertiert. Als so junge Frau sah ich durch diesen Job schon ziemlich viel von der Welt und lernte die unglaublichsten Menschen kennen. Außerdem verdiente ich für damalige Verhältnisse sehr anständig und mir gefiel dieses turbulente, abwechslungsreiche Leben.

Nach drei Jahren lernte ich meinen späteren Lebensgefährten kennen, einen Regisseur. Er war 15 Jahre älter und in seinem Beruf ein absolutes Genie. Ich empfand mehr Bewunderung als Liebe für ihn, was ich damals allerdings nicht erkannte. Er lebte in einem ganz abgelegenen, wunderschönen ehemaligen Ausflugslokal, das er in mühsamer Kleinarbeit selber saniert hatte.

Bald entdeckte ich, dass dieser Mann zu Hause genauso cholerisch sein konnte wie in der Arbeit. Das war etwas, was mich schockierte, da ich es nicht gewohnt war, plötzlich und völlig unvermittelt laut angeschrien zu werden. Auf der anderen Seite war er ein enorm fürsorglicher Mann, und als er bemerkte, wie sehr ich mich zurückzog, wenn er ausflippte, riss es sich wieder zusammen. Er erklärte mir, dass er überarbeitet war und deshalb ein angeschlagenes Nervenkostüm besaß. Er wollte nach der aktuellen Produktion eine mindestens einjährige Pause machen. Ich verstand ihn gut. Also vergaß ich die cholerischen Phasen ganz schnell wieder.

Einmal nahm ich ihn mit zu mir nach Hause, zu meiner Familie, und ich erzählte ich ihm von meiner Liebe zu Pferden. Ich ritt seit meinem 5. Lebensjahr und Pferde waren die Tiere, zu denen ich eine ganz tiefe Verbindung aufbauen konnte. Wir holten uns meine ehemaligen Pferde und ritten gemeinsam aus. Obwohl er behauptete, er könne reiten, gab er doch eine etwas klägliche Figur ab auf meinem gutmütigen, alten Prinz. Mir tat eher das Pferd Leid als er. Aber er blieb oben und ich wusste: Er hatte keinen blassen Schimmer von Pferden.

Trotzdem begeisterte er sich für die Idee, auch einmal zwei Pferde zu besitzen und viel zu reiten. Er fragte mich, ob ich mir vorstellen könnte, auf seinem Hof mit Pferden und anderem Getier zu leben. Irgendwie kam mir das Ganze wie ein Märchen vor. Obwohl ich doch schon in meinem Traumjob arbeitete, trug ich diese tiefe Sehnsucht in mir, einen Hof zu bewirtschaften und wieder eigene Pferde zu halten.

Es kam, wie es kommen sollte: Ich begleitete ihn nach Österreich. Wir nahmen eine einjährige Auszeit und fingen an, den Hof mit vielen Ställen aufzubauen. Wir kauften zwei hochträchtige, sehr wertvolle Haflingerstuten, weil er meinte, durch eine kleine Zucht ließen sich die Kosten für die Pferde niedrig halten. Erwähnte ich schon, dass er keine blassen Schimmer hatte...?

Ich liebte die Pferde und die Natur und es gab viel zu tun dadurch. Es kamen unzählige andere Tiere hinzu: Schafe, Ziegen, Hasen, Schweinchen, Hunde und Katzen und eine riesige Schar geflügelter Freunde: Hühner, Gänse, Enten, Fasane, Rebhühner etc.

Als das Jahr Auszeit vorbei war, musste sich einer von uns um die Tiere kümmern. Die Wahl fiel auf mich. Er verdiente ja schließlich das 10–fache und konnte so uns und unseren Tieren ein sicheres zuhause garantieren. So war es mir überhaupt nicht mehr möglich, in meinem Job zu arbeiten, und ich wurde, ohne dass es mir bewusst war, finanziell völlig abhängig. Aber durch unsere gemeinsamen Pläne für die Zukunft, wir sprachen sogar von gemeinsamen Kindern, bemerkte ich das Missverhältnis nicht. Ich werkelte wie wild und versorgte meine Lieblinge verantwortungsbewusst und fürsorglich. Alles meist alleine, da mein Lebensgefährte nun immer mehr unterwegs und manchmal monatelang nicht zu Hause war.

„Ich wurde, ohne dass es mir bewusst war, finanziell völlig abhängig."

Derweil lief unsere Beziehung ziemlich aus dem Ruder, weil mein Lebensgefährte jede Frau ins Bett zog, die nicht bei drei auf dem Baum war. Durch die tiefe Verbundenheit mit den Tieren und der Natur wurde ich enorm feinfühlig und merkte jedes Mal, wenn irgendetwas nicht stimmte oder etwas mit anderen Frauen lief. Im Grunde war ich froh, dass unser Kinderwunsch nicht in Erfüllung ging.

In dieser Zeit verstarben meine geliebte Mutter und kurz darauf auch meine Großmutter. So verlor ich innerhalb eines Jahres meine familiären Wurzeln und dadurch auch meinen einzigen Anlaufpunkt für schwere Zeiten.

Als ich mir endlich einmal die Zeit nahm und über mich und mein Leben nachzudenken begann, fiel es mir wie Schuppen von den Augen. Unterstützt wurden meine Gedanken von den ersten spirituellen Büchern, die ich durch Zufall in die Hände bekam. Zufall! Ha! Dadurch wurde mir erst einmal klar, dass es eine Gabe war, mit der Natur und den Tieren so zu kommunizieren, wie ich es tat. Ich hatte durch das viele Alleinsein einen tiefen Zugang zu allen Lebewesen am Hof gefunden. Aber da es sich so alltäglich anfühlte, war es mir nicht in den Sinn gekommen, es als etwas Besonderes zu betrachten.

Auch fiel mir immer unangenehmer auf, dass mein Lebensgefährte kein gutes Haar an mir ließ, wenn er wieder zu Hause war. In seinen Augen war ich faul, dumm und sogar hässlich. Immer, wenn ich drohte auszuziehen, bekam er einen Herzanfall und landete im Krankenhaus, meist auf der Intensivstation. Einmal machte mir sogar der behandelnde Arzt den Vorwurf, ich würde meinen Mann ins Grab bringen, wenn ich mich weiter so schrecklich benahm. Da er mich nicht kannte, bezog er sein Wissen nur von der Seite meines Lebensgefährten. Es wurde immer schmerzhafter für mich, mit ihm zusammenzubleiben. Nach schweren inneren Kämpfen löste ich mich nach zehn Jahren harter körperlicher und auch seelischer Arbeit aus dieser Beziehung und stand vor dem Nichts. Trennen musste ich mich auch von meinen geliebten Pferden, die auf seinem Hof blieben.

Ich kehrte nach Bayern zurück. Das war das zweite Mal, dass ich etwas völlig anderes in mein Leben lassen musste als vorher. Gleichzeitig verstärkte sich der spirituelle Weg. Ich zog quasi die Lehrer und Lehren in mein Leben hinein. Es dauerte nicht lange und ich bekam eine Stelle in einer neu geschaffenen regionalen Radiostation. Was für ein unsagbares Glück! Ich stürzte mich in die Arbeit und nach einer Zeit hatte ich das Gefühl, ich lebte ein völlig neues Leben. Und ich genoss es! Nur die Pferde gingen mir doch sehr ab. Aber man muss auch loslassen können.

Eifrig baute ich diese neue Radiostation mit auf und lebte auch dadurch ein ausgelassenes und überschwängliches, extrovertiertes Leben. Vieles, was vorher in der tiefen Abgeschiedenheit des Hofes nicht möglich war, „knallte" regelrecht in mein Sein. Ich besuchte viele Veranstaltungen und Partys, lernte zahlreiche neue Menschen kennen, tanzte, lachte, feierte ausgelassen.

„Je ausgelassener mein Äußeres wurde, desto tiefer konnte ich mein Inneres erkennen."

Aber die innere Stimme rief mich auch immer wieder zu sich, und so besuchte ich ein Seminar nach dem anderen und entwickelt fast unmerklich meine innere Ebene, in der ich später meine eigentliche Heimat wiedererkennen durfte. Ich folgte den Schamanen, den Gurus aus Indien, vielen therapeutischen Ansätzen. Der Natur, der Weiblichkeit, der Bewusstwerdung. Ich reiste immer zu der Quelle der jeweiligen Lehre und fand unzählige Einzelteile meiner Seele. Je ausgelassener mein Äußeres wurde, desto tiefer konnte ich mein Inneres erkennen. Vollkommen paradox.

Zu der Zeit hatte ich jede Menge Verehrer. Einer davon war besonders hartnäckig. Er stellte alles auf den Kopf, um mir zu gefallen, und irgendwie wurden wir ganz dicke Freunde. Mehr wollte ich nicht. Aber, wie gesagt, er war äußerst hartnäckig und so kam es: Wir wurden ein Paar. Er las mir jeden Wunsch von den Augen ab und verwöhnte mich nach allen Regeln der Kunst.

Ich verließ das Radio und wir machten einen Großhandel für Wohnaccessoires auf. Eine Zeit lang ging das auch sehr gut. Wir waren enorm erfolgreich und verkauften auf all den großen

Messen in Deutschland an die Einzelhändler. Aber irgendwas war meist immer nicht ganz in Ordnung mit unseren Abrechnungen. Dennoch hatte ich volles Vertrauen in meinen damaligen Freund, der schon lange selbstständig war.

Nebenbei machte ich einige therapeutische Ausbildungen, Tanztherapie, Familienstellen, Bioenergetik. Dadurch wurde es mir immer mehr möglich Zusammenhänge zu erkennen. Es war kein Zufall, der mich zu dem Mann mit dem Hof gebracht hatte, es war auch kein Zufall, dass ich jetzt ausgerechnet diesen Mann hier aussuchte, der nicht so toll mit den Finanzen umgehen konnte. Langsam wurde mir bewusst, dass dies etwas mit mir selbst und meiner Einstellung zu mir zu tun hatte. Es war eine eher erschreckende Erkenntnis zum damaligen Zeitpunkt.

Unserer Firma ging es immer schlechter. Auch diesmal dauerte es noch einige Jahre, bis sich das Drama voll entwickelte. Zuerst verschloss ich die Augen und schob die ganze Verantwortung zu meinem Partner. Aber es wurde immer deutlicher: Wir steuerten direkt in eine riesige Pleite hinein. Jedes klärende Gespräch wurde abgeblockt und so stand ich völlig konsterniert vor den nächsten Scherben. Wir waren pleite und mussten Insolvenz anmelden. Ich versuchte das noch gemeinsam wieder in Ordnung zu bringen, aber er wollte es auf seine Art lösen. Daraufhin trennten wir uns. So stand ich nun da ohne einen Pfennig Geld oder

Aussicht auf einen Job. Halleluja, warum habe ich nur immer so laut *Hier!* gerufen?

„Ich übernahm selbst die Verantwortung für alles, was ich mir ins Leben gerufen hatte."

Inzwischen war ich fast Ende 40 und wusste weder rückwärts noch vorwärts. Durch meine vielfältigen Ausbildungen hatte ich aber starke Werkzeuge zur Hand, um wieder herauszukommen. Und was jetzt hier so salopp wie hopp und weg klingt, war ein langer, schmerzvoller Weg zu mir selbst. Durch das tiefe Tal des Selbstmitleides, vorbei am Fluss vieler leidvoller Erkenntnisse bis hin zum Meer des Wissens. Ich erlangte inneren Reichtum in solch einer Fülle, dass ich schier überwältigt wurde von den tief gehenden Emotionen. Plötzlich erkannte ich, dass all die wichtigen Antworten aus meinem Inneren kamen. Ich übernahm ab da selbst die Verantwortung für alles, was ich mir ins Leben gerufen hatte und lernte ganz langsam mich wirklich selbst zu lieben (bin immer noch dran, puhhh).

Wieder einmal hatte ich Glück und bekam ein kleines Häuschen günstig zur Miete. Dort fing ich, in Ermangelung anderer Arbeit, an ein Buch zu schreiben. Erst wollte ich eine Methode beschreiben, die ich für mich gefunden hatte, um aus all dem Schlamassel erstarkt wieder herauszukommen. Aber dann wurde mir bewusst, ich wollte den Weg aufzeigen, wie ich dahin gekommen bin. So schrieb ich quasi meine Autobiografie in Romanform. Ich nannte sie: „Mein Leben auf der Seife - Die tiefe Suche nach dem ureigenen Weg". Ich erzählte meine Geschichte mit allen Facetten und Dramen sehr eindringlich und ausführlich. Das Buch wurde ein Überraschungserfolg. Ich bot dazu Bewusstseins-Seminare an, in denen man seinen eigenen Weg finden konnte.

Meine Seminare entwickelten sich immer mehr hin zu den inneren Räumen. Den Orten in uns, wo wir unsere eigenen Antworten finden konnten. Irgendwann stellte ich einmal lachend fest, dass ich zu einer Art Reiseleiterin in die innere Welt geworden war. Ich schrieb weitere Bücher, immer von meinen derzeitigen Erfahrungen über dieses riesige Universum in unserem Inneren. Und da ich eine Geschichtenerzählerin bin, meist in Romanform. Ich bekam viel Resonanz auf meine Bücher und so mancher Seminarteilnehmer behauptete, dass das, was ich vermittelte, eine große Hilfe wäre, um weiter zu kommen auf dem eigenen Weg.

Inzwischen schreibe ich am 4. Buch und habe eine Seminarpause eingelegt. Auch heute noch wanke ich bisweilen gewaltig in meinem Sein. Aber dann besinne ich mich schnell wieder und schreibe weiter. Das Allerschönste dabei ist: Ich brauche nicht mehr zu suchen, ich habe meinen Weg gefunden. Meinen ureigenen Weg!

Mehr von Gabriele-Saskia Drungowski auf www.lebensmosaik.de

Leben mit einem Mysterium – Amalgamvergiftung

von Uta

Ja, wo stehe ich heute? Soll ich wirklich meine Geschichte aufschreiben? Ist sie für irgendwen lesenswert? Kann ich das überhaupt? Okay, ich versuche es, doch wo fange ich an? Im November werde ich 50, also eh Zeit, um zurückzuschauen.

Ich lebe als Aussteigerin in einem kleinen Dörfchen in Ungarn. Mittlerweile allein und glücklich. Ängste kenne ich nicht, wenigstens keine bewussten. Ich habe ein unheimliches Gottvertrauen und weiß, dass sich alles regelt für mich. Wenn ich nicht will, sehe und treffe ich keine Menschenseele, und meistens will ich nicht.

Ich bewohne ein über 100 Jahre altes Bauernhaus, nicht großartig renoviert, und mein Grundstück hat 7000qm. Hier versuche ich mich als Selbstversorgerin mit dem Anbau von Obst und Gemüse. Die meiste Zeit lebe ich von veganer Rohkost. Ich bin gerne anders und auch ziemlich spirituell. Mit dem Leben in Deutschland kann ich nicht mehr viel anfangen und bin sehr dankbar, hier in dieser Idylle leben zu dürfen.

Was hat mich nun hierher gebracht, was hat mich geprägt?

Geboren wurde ich in einer Kleinstadt im Sauerland, als uneheliches Kind, wie man so schön sagt. Mit zwei Jahren hat mich meine Mutter in die DDR „verschleppt". Also die andere Richtung als gewöhnlich. Hier bin ich aufgewachsen, mal mehr, mal weniger schön.

Mit 21 reiste ich zurück in meine Geburtsstadt, mit meinem damaligen Freund. Als gelernte Gärtnerin fand ich eine Arbeit in einem Blumengeschäft. Es waren Lehrjahre für mich mit wenig Verdienst, alles war neu und die Kundschaft behandelte mich auch nicht gerade respektvoll.

1995 lernte ich meinen Mann kennen, der als Installateur in der Firma seines Vaters arbeitete. Vier Jahre später wurde er sehr krank und ich auf eine harte Probe gestellt. Er bekam schlimme Herzrhythmusstörungen, von denen wir erst spät erfuhren, dass sie von einer Quecksilbervergiftung herrührten, die durch die Entfernung einiger Amalgamplomben ausgelöst worden war. Immer wieder musste ich ihn in Krankenhäuser und zu Notärzten fahren, weil er dachte, er würde sterben.

Bald konnte er nicht mehr arbeiten und wurde krankgeschrieben, später bekam er Rente. Er wurde aggressiv und depressiv, ein anderer Mensch. Damals wusste ich nicht, was mit ihm los war. Manchmal war er so laut und böse, dass sich seine Familie, Freunde und Nachbarn von uns abwandten. Verstehen konnte das ja keiner, alle dachten, wir hätten Beziehungsstress.

Je länger die Krankheit dauerte, desto größer wurde unsere soziale Isolation. Ich habe grundsätzlich kein Problem mit dem Alleinsein, machte schon als Kind vieles mit mir selbst aus, war gerne für mich, las oder verbrachte Zeit in der Natur. Aber die ganze Last der Krankheit alleine zu tragen, das brachte mich an den Rand meiner Kräfte. Wir gingen beide durch die Hölle.

„Je länger die Krankheit dauerte, desto größer wurde unsere soziale Isolation."

Wir konsultierten verschiedenste Ärzte, Heilpraktiker und Heiler. Das verschlang Unmengen Geld und die Ärzte waren überfordert. Keiner wusste, was mit ihm nicht stimmte. Es gab Phasen, da lag er nur im Bett, weinte. Beschreiben kann ich diese Situation nicht wirklich. Der Hausarzt gab ihm Valium. Irgendwer, wahrscheinlich ein Heilpraktiker, stellte dann die Diagnose Amalgam-Vergiftung.

Manchmal bin ich einfach weggelaufen, weil ich es nicht mehr aushielt. Ich arbeitete noch als Floristin. Wie ich das schaffte, kann ich mir heute nicht mehr erklären. Ich konnte ihn ja kaum allein lassen.

Das Ganze zog sich über ungefähr drei Jahre hin. Während dieser Zeit haben wir geheiratet, im März 2001. Nur wir zwei, in normaler Kleidung auf dem Standesamt. Er wollte, dass ich ihn beerben würde, er dachte ja ständig, er würde sterben.

Irgendwann merkte er aber, dass es doch nicht so war. Er schöpfte Hoffnung. Körperlich war er schwach, aber der Geist kam zurück und er erklärte seiner Krankheit den Kampf. Wir zogen um und ich machte mich selbstständig mit einem Blumenladen. Dieser Schritt half mir ein wenig aus der Isolation heraus. Meine Kunden kamen gerne zu mir, weil ich freundlich, nett und auch lustig war. Auch einige Männer waren darunter, und mehr als einmal bekam ich das Angebot, meiner Ehe zu entfliehen. Das kam für mich aber nie in Frage, ich wollte zu meinem Mann stehen in guten wie in schlechten Zeiten.

Stück für Stück ging es ihm besser. Wir taten viel dafür, stellten unter anderem unsere Ernährung auf Rohkost um. Ich fühlte mich damit so gut wie noch nie.

Über längere Zeit schon hatte ich den intensiven Wunsch nach einem Kind. Darüber war mit meinem Mann aber nicht zu reden. Das machte mich unendlich traurig, doch irgendwann gab ich auf und traf die Entscheidung, mit ihm zusammen zu bleiben und schweren Herzens auf ein Kind zu verzichten. Ich war immer sehr kinderlieb, so wie ich auch Natur und Tiere über alles liebe.

Im Frühjahr 2010 ging es meinem Mann wieder sehr schlecht. Er ging zu einer Heilpraktikerin, die ihm etwas verabreichte, was ihn wieder in einen ähnlichen Zustand wie damals brachte. Das ganze Drama von vorn, ich konnte es nicht glauben.

Ich gab meinen Laden auf. Unser Traum war es schon immer gewesen, ein Grundstück zu finden, auf dem wir Selbstversorgung betreiben konnten. In Ungarn hatten wir ein passendes Haus gefunden und geplant, 2013 auszuwandern. Nun zogen wir bereits früher hin, allerdings nur mit dem Allernötigsten, da mir die Kraft fehlte, um einen kompletten Umzug zu organisieren. So lebten wir in der ersten Zeit in Ungarn ganz spartanisch, hatten kaum Möbel oder andere Sachen. Ich wollte mich nur um meinen Mann kümmern.

Er war wieder handlungsunfähig, und wieder stand ich allein da. Aber ich wollte alles tun, damit es ihm wieder gut ging. Ich litt immer sehr mit ihm. Er brauchte ständig die Bestätigung: „Du wirst nicht sterben." An meinen Kräften zehrte das alles unglaublich. Zumal mein Mann kein lieber Kranker war.

„So lebten wir in der ersten Zeit in Ungarn ganz spartanisch, hatten kaum Möbel oder andere Sachen."

Doch irgendwann ging es ihm wieder besser und seine Psyche drehte sich. Wir zogen ganz nach Ungarn. Er reiste oft nach Deutschland, doch ich war hier glücklich. Dieses einfache Leben ohne Internet und Smartphone, herrlich.

Bis er 2016 im November – er war zum Karneval in Köln gewesen – auf einmal für jeden von uns ein Smartphone mitbrachte. Das wollten wir beide eigentlich nie. Ich sagte ihm auf den Kopf zu, da wäre eine andere Frau. Doch das stritt er ab. Zu dieser Zeit ging es mir sehr schlecht, chronische Erschöpfung schon seit Längerem. Er dagegen fuhr jetzt fast einmal im Monat nach Deutschland, gab mir aber immer das Gefühl, dass er mich liebte, ich wäre die Beste, die Schönste. Wenn ich misstrauisch war, wiegelte er ab.

Bis im Februar 2018. Da bekam ich über Facebook eine Nachricht von einer Frau, die sich nach meinem Exmann erkundigte. Es stellte sich heraus, dass er mit ihr wohl schon über 16 Monate eine Zweitbeziehung führte.

Für mich brach eine Welt zusammen. Ich hatte ihm vertraut und wurde so getäuscht. Ich trennte mich.

Inzwischen habe ich mich ganz gut in meinem neuen Leben eingerichtet. Vielleicht werde ich in Zukunft anderen Kranken helfen können, die auch mysteriöse Krankheiten haben und nicht weiter wissen. Ich habe mir ein sehr breites Wissen angeeignet. Mittlerweile weiß ich, dass ein Virus – EBV – Schuld an ganz vielen Krankheiten ist. Ich versuche dieses Wissen weiter zu geben und sehe das als meine Bestimmung an.

In einer deutschen Gartenzeitschrift habe ich eine Anzeige gemacht, in der ich meinen Hof für Urlauber anbiete. Ich habe hier eine ganz einfache Unterkunft für Aussteiger zum Ausprobieren des einfachen Lebens in der Natur und mit der Natur, mit gesundem, natürlichem Essen. Oder zum Beispiel für Menschen mit Burnout. Besucher behaupten, hier wäre so eine tolle Energie bei mir, wie unter einer Glocke. Ich bin absolute Anhängerin der Anastasia Bewegung (eine russische Einsiedlerin in der Taiga). Durch das Lesen der Bücher über sie entstand überhaupt vor Jahren der Wunsch nach diesem „Familienlandsitz" hier. Ich war so begeistert, dass ich so leben wollte wie sie, am Morgen barfuß durch meinen Garten streifen und Beeren vom Strauch essen. Das wollte ich, und das tue ich heute. Gerne lasse ich andere Menschen daran teilhaben.

„Was ich nie für möglich gehalten habe, ist passiert."

Über eine Plattform für ökologisch denkende Menschen habe ich einen ganz lieben Mann kennengelernt. Eigentlich war ich nicht darauf aus, er fing auf eine liebevolle, ehrliche Art an um mich zu werben. Ziemlich schnell ist dann bei mir das Eis geschmolzen. Und obwohl wir uns nur E Mails schreiben und selten telefonieren, wissen wir, dass wir zusammengehören. Was ich nie für möglich gehalten habe, ist passiert.

Starke Frauen – Kampf um ein positives Geburtserlebnis

von Marie Schneider

Ich wurde 1990 in Ungarn geboren. Meine Mama war für mich immer ein lebendiges Beispiel dafür, dass man als Frau in jeder Situation stark bleiben kann. Da wir beide von Sternzeichen Krebs sind, kämpfte ich immer gegen ihre Entscheidungen und wollte meinen Kopf durchsetzen. Ich war als Kind ein Rebell.

Als ich drei Jahre alt war, überraschten uns die Ärzte mit der Diagnose Asthma. Ich hatte in der Nacht keine Luft mehr bekommen und war notfallmäßig ins Krankenhaus gebracht worden. Man sagt, wenn man Asthma im Kindesalter hat, sei dies ein Zeichen von mangelnder Bindung zur Mutter. Das Kind wolle mehr Aufmerksamkeit und entwickle deswegen eine immense Angst, welche die Krampfanfälle in der Lunge auslösen würde.

Meine Behandlung beinhaltete viele verschiedene Therapien, unter anderem sollte ich Steroide nehmen, die schlimme Nebenwirkungen hatten.

Zum Beispiel Neurodermitis. Mein Körper war wund und aufgekratzt. Ich litt unter ständigem Juckreiz, wogegen die Ärzte Kortison verschrieben. Das wiederum hatte eine negative Wirkung auf mein nicht ausgereiftes Selbstbewusstsein. Ich war schüchtern in der Schule, folgte immer den Anweisungen der Lehrer. Ich konnte nicht nein sagen. Ich dachte, wie meine Mutter, dass Ärzte alles wüssten und mich heilen könnten. Ärzte wurden von uns wie Götter verehrt. Wie sollte es auch anders sein, meine Mama arbeitete im Zentralkrankenhaus von Budapest.

Trotz der vielen Jahre, in denen ich die Medikamente nahm, ging es mir nicht besser. In meiner Pubertät hatte ich so ein niedriges Selbstwertgefühl, dass ich aufhörte zu lernen, sobald ich von einem Jungen begehrt wurde. Ich tat alles, um geliebt zu werden.

„Alles, was wir denken, manifestiert sich."

Mit 16 Jahren machte ich mir Gedanken über die Welt, und viele große Denker und Philosophen inspirierten mich. Ich las viel und erfuhr von meinem Vater das erste Mal von Gedankenprojektion. Alles, was wir denken, manifestiert sich. Diese Erkenntnis beeinflusste meine Einstellung zu meiner Krankheit. Ich wollte keine Medikamente mehr nehmen. Schon lange durfte ich keinen Sport mehr machen, da meine Lungenkapazität nur noch 40% Leistung hatte. Ich hatte genug.

Ich beschloss alle Medikamente abzusetzen und mich nicht mehr behandeln zu lassen. Mir war es völlig egal, dass ich durch einen Asthma-Anfall sterben konnte.

Am Anfang war es schrecklich, ich wollte unbedingt Sport treiben. Ich fing an zu Joggen, aber natürlich hatte ich kein Erfolgsgefühl mit der geringen Lungenkapazität.

„Ich erklärte mich für gesund, und das war ich tatsächlich.“

Dennoch gab ich nicht auf, und nach ca. einem Jahr schaffte ich die ersten fünf Kilometer in gemütlichem Tempo bei einem Budapester Lauf. Mein damaliger Freund hatte mich darin bestärkt, dass ich das schaffen könnte. Und er hatte Recht. Ich war noch nie so stolz auf mich wie nach dem Überqueren der Ziellinie! Ich erklärte mich für gesund, und das war ich tatsächlich.

Dieser Erfolg motivierte mich dazu, mich mit dem Lernen zu beschäftigen. Ich bestand mein Abitur erfolgreich und blickte hoffnungsvoll in die Zukunft.

Ich hatte immer gern gezeichnet, gemalt und gebastelt. Ich hatte keine andere Beschäftigung als Kind, da ich ja keinen Sport treiben durfte. Mein Kunstlehrer erzählte mir von der Goldschmiedeausbildung im Zentrum von Budapest und ermutigte mich, mich dort zu bewerben. Alles ging einwandfrei, ich fing die Ausbildung an und es machte mir riesigen Spaß. Ich hatte mein Hobby zum Beruf gemacht, was konnte es Schöneres geben?

Nach zwei Jahren bekam ich so langsam einen Überblick über die beruflichen Möglichkeiten als Goldschmiedin und wurde sehr traurig. Es gab keine Jobangebote für Berufsanfänger und wenn, dann nur für ein lächerliches Gehalt. Die frischgebackenen Goldschmiede wurden als Konkurrenz angesehen und die alten wollten ihre Kunden behalten.

Mein Lehrer führte mit mir ein ernstes Gespräch und prophezeite, dass aus mir in Ungarn nichts werden würde und dass es am besten für mich wäre, nach dem Abschluss eine Umschulung zu machen, weg vom handwerklichen Beruf. Das war demütigend und mein Ego war am Boden zerstört.

Ich sprach mit meiner Familie sehr viel darüber, wie ich weitermachen sollte. Da meinte meine Schwester, die damals bei der Telekom in Bonn arbeitete, dass ich mich in Deutschland bewerben könnte. Wir hatten Verwandtschaft in der Nähe von Pforzheim, der Goldstadt.

So machte ich es. Ich schickte 40 Bewerbungen an verschiedene Firmen und erhielt zwei positive

Einladungen zurück. Eine davon kam von einem Familienunternehmen mit fünf Filialen in Baden-Württemberg. Der Chef lud mich zum Probearbeiten ein und als er sah, dass ich sehr professionell und zuverlässig arbeitete, bot er mir die Stelle an. Ich sagte sofort zu und fragte, wann ich anfangen dürfte. Es war Ende August 2012. Ich fing am 1. September an.

Über meinen Umzug machte ich mir keine Gedanken. Mit 40 kg Gepäck reiste ich ca. 1000 km durch die Nacht und landete schließlich bei meiner Tante, die mir ein Zimmer zur Verfügung stellte.

Drei Monate lang sparte ich so viel Geld, dass ich mir eine Mietwohnung leisten konnte in der Stadt, in der ich arbeitete.

„Ich hatte Heimweh und mit ihm zusammen konnte ich es besser ertragen."

Kurz nach meinem Umzug lernte ich ein netten deutschen Mann kennen. Er war ganz anders als die Jungs in Ungarn. Er machte sich nie Gedanken über Geldmangel, er war sehr locker und wollte mit mir zusammen sein. Er studierte damals in der Uni in Heidelberg und versuchte seine Prüfungen auf die Reihe zu bekommen. Allerdings hatte er eine schlechte Gewohnheit, er rauchte Marihuana.

In wenigen Monaten entwickelte sich zwischen uns eine ernsthafte Beziehung und wir hatten große

Pläne. Ich war froh, dass er bei mir war, er gab mir das Gefühl, zur Familie zu gehören. Ich hatte Heimweh und mit ihm zusammen konnte ich es besser ertragen. Da wir schöne Zeiten erlebten, beschlossen wir eine Familie zu gründen. Ich wurde sehr bald schwanger und wir freuten uns darüber.

Nur meine Schwiegereltern waren skeptisch. Mein Freund hatte noch immer keinen Abschluss, er war mit dem Studium überfordert und wollte nicht arbeiten. Seine Eltern meinten, wieso wir jetzt ein Baby wollten, wir sollten erst einmal sehen, wie wir zurecht kamen. Mitten in der Schwangerschaft wollte ich diese Einwände überhaupt nicht hören, denn mir war klar, dass dieses Kind genau wusste, wann und in welche Familie es hineingeboren werden wollte.

Leider war Stress wegen meines Partners unser ständiger Begleiter während der Schwangerschaft. Er kam mit der Verantwortung nicht klar, dass er Vater wurde. Außer mit Marihuana experimentierte er noch mit anderen Drogen.

„Mir war klar, dass dieses Kind genau wusste, wann und in welche Familie es hineingeboren werden wollte."

Ich versuchte meine Ängste durch Hypnobirthing zu lösen und wollte ursprünglich eine Hausgeburt machen, da ich wegen meiner Vorgeschichte mit meinem Asthma kein Vertrauen mehr zu Ärzten hatte. Ich wusste, dass Frauen einfach gebären können, wenn man ihnen die nötige Zeit lässt und ihnen eine ungestörte Umgebung bietet. Mein Partner war von meiner Idee von der Hausgeburt überhaupt nicht begeistert und die Schwiegermutter jagte mir eine solche Angst ein, dass ich mich für eine Geburt im Krankenhaus entschied. Trotzdem wollte ich eine ungestörte und friedliche Geburt erleben und las sehr viel darüber, wie man trotz Krankenhausumfeld selber konzentriert gebären konnte, anstatt machtlos entbunden zu werden.

Kurz vor der Geburt meines Sohnes zogen wir in eine schöne 3-Zimmer-Wohnung. Am Tag der Geburt baute ich noch Ikea Schränke zusammen, physisch war ich sehr fit. Aber ich wusste nicht, wie wir die Wohnung finanzieren sollten, da mein Freund immer noch keinen Job hatte. Er wollte einfach nicht arbeiten.

Am errechneten Termin war ich schon sehr im Geburtsfieber und wir fuhren ins Krankenhaus. Die Hebamme untersuchte den Muttermund und sagte, er wäre schon 3cm geöffnet, aber mir ging es so gut, dass sie mich wieder nach Hause schickte. Ich sollte wiederkommen, sobald die Wehen regelmäßiger wurden.

An dem Tag blieb ich zuhause und der kleine Fratz in meinem Bauch ließ uns noch sechs Tage mit seiner Geburt warten.

Ich war entspannt, mir war völlig egal, wann das Kind geboren werden sollte. Am Abend vor der Geburt hatten wir uns geliebt und eine halbe Stunde später kamen regelmäßige Wehen. Ich spürte, dass es die richtigen Wehen waren und es Zeit war ins Krankenhaus zu fahren, da mein Muttermund offen war.

Als wir ankamen, erledigten wir schnell den Papierkram und gingen direkt in den Kreißsaal. Die Hebamme hatte meine Wunschliste durchgelesen und den Geburtspool vorbereitet. Mir war bewusst, dass ich jetzt gebären würde, und machte bei allen Untersuchungen mit. Damals wusste ich nicht, dass die Untersuchungen den Geburtsverlauf verlängern konnten oder dass mein Partner mich gezielter hätte unterstützen können.

Nach fünf Stunden im Geburtspool eröffnete die Hebamme die Fruchtblase und ich war erleichtert. Ich wartete drauf, dass die Wehen weiter arbeiteten. Aber das Druckgefühl blieb aus. Ich sollte laut der Hebamme pressen. Den Babykopf spürte ich zwischen meinen Beinen, aber er kam nicht raus. Nach zwanzigmal eingeleitetem Powerpressen war ich sehr erschöpft und traurig, dass ich mein Kind nicht einfach gebären konnte. Die Hebamme gab mir Oxytozin Nasenspray und sagte, dass ihre Schicht gleich endete, ich sollte mich beeilen.

„Damals wusste ich nicht, dass die Untersuchungen den Geburtsverlauf verlängern konnten."

Die Wehen waren weg. Der Kopf wollte einfach nicht raus. Ich musste den Pool verlassen und auf dem Bett den Vierfüßlerstand einnehmen. Die Wechselhebamme kam, das war ihr erstes Live-Geburtserlebnis. Die andere Hebamme, die mit mir angefangen hatte, wollte ursprünglich bis zum Ende bleiben, aber sie zweifelte daran, ob ich das rechtzeitig bis zu ihrem Zahnarzttermin schaffen würde.

In diesem Moment war es mir völlig egal, was sie mit mir machen wollten, Hauptsache, sie holten das Baby gesund aus mir heraus. Die junge Ärztin führte beim nächsten Powerpressen einen Dammschnitt durch. Mein Sohn flutschte heraus. Er wurde an meine Brust gelegt und sie wollten die Nabelschnur durchschneiden. Ich hatte noch ein bisschen Kraft und brüllte alle wie ein Tiger an, dass sie die Finger von der pulsierenden Schnur lassen sollten. Mein Partner war anwesend, trotzdem irgendwo anders.

Nachdem die Nabelschnur durchtrennt worden war, zog die Hebamme daran. Sie wollte, dass die Plazenta auch schnell geboren werden würde. Es tat mir weh, aber ich war mit dem Andocken meines Kindes beschäftigt. Endlich wurde die

Plazenta geboren und ich sollte genäht werden. Die Ärztin meinte, es würde gar nicht weh tun, aber ich empfand das ganz anders.

Nachdem ich endlich genäht worden war und uns das Fachpersonal in Ruhe ließ, war ich im siebten Himmel, als ich mein Kind in den Armen halten durfte. Das war die schönste Erinnerung an unseren Krankenhausaufenthalt, dass wir zu dritt kuscheln konnten. Zu diesem Zeitpunkt war mir noch gar nicht so bewusst, dass von meiner Wunschliste, die eigentlich gut angenommen worden war, vieles nicht eingehalten wurde und dass die unnötigen Störungen während meiner Geburt zum Dammschnitt geführt hatten.

Wenn ich zurück denke, wird mir klar, dass mein Partner während der Geburt so passiv war, weil er immer wieder aufs Klo gegangen ist, um Drogen zu konsumieren. Wir hatten drei Tage in einem Familienzimmer verbracht, mein Partner wollte aber nicht bei uns bleiben.

Seine Eltern kamen unerwartet zu Besuch. Sie bombardierten mich mit tausenden Fragen und fotografierten mein Kind mit Blitz. Meine Schwiegermutter meinte, dass die Narbe am Kopf meines Sohnes, die durch die Eröffnung der Fruchtblase verursacht worden war, meine Schuld wäre, und sie warf mir vor, dass ich ihn nicht heil zur Welt gebracht hatte.

Da zerbrach etwas in mir. Die Tatsache war nicht genug, dass ich alleine für mich und mein Baby kämpfen musste, sondern ich wurde in der für mich neuen Rolle als Mutter angegriffen, was Schuldgefühle in mir auslöste.

In der Nacht konnte ich mein Baby nicht aus dem Bett geben, es war für mich das sicherste Gefühl, dass ich mit ihm kuschelnd einschlafen konnte. Um Mitternacht wachte ich plötzlich auf und roch Zigarettenrauch. Es war eine heiße Nacht im Juli. Alle Balkontüren auf der Station standen offen und die Patienten im Zimmer unter mir hatten fröhlich gelacht und geraucht. Auf der Neugeborenenstation stank es schrecklich. Ich stopfte Handtücher unter die Tür, damit unser Zimmer rauchfrei wurde.

Ich war unendlich erleichtert, als wir aus dem Krankenhaus entlassen wurden. Ich hatte keinerlei Probleme mit Stillen, da ich wusste, nur ich konnte mein Kind beschützen. Außer mir konnte niemand die Verantwortung übernehmen und tragen. Mein Partner ließ uns in Ruhe. Er war immer unterwegs.

Mein Sohn wuchs und entwickelte sich wie alle anderen Babys. Ich trug ihn in einem Tragetuch durch die Gegend und stillte ihn nach Wunsch.

Durch jede Herausforderung mit dem Kind entwickelte ich mich weiter und ich kam gut in der Mutterrolle an. Als Frau fühlte ich mich noch nicht wohl. Ich hatte noch Monate nach der Geburt Probleme mit Hämorrhoiden durchs Powerpressen.

„Durch jede Herausforderung mit dem Kind entwickelte ich mich weiter."

Die Situation zwischen meinen Schwiegereltern und mir spitzte sich zu. Sie erwarteten, dass wir jedes Wochenende zu ihnen fuhren, damit sie mit dem Enkelkind schmusen konnten. Dabei wurde ich bei allem, was ich machte, von ihnen kritisiert, egal ob es ums Tragen, lange Stillen oder Beikost ging. Ich wollte sie nicht mehr besuchen.

Nach einem Jahr lief mein Elterngeld aus und wir bekamen Geldprobleme, da der Kindsvater immer noch keinen Job hatte. Er fand nach langem Hin und Her eine Stelle bei der Post, jedoch war das Einkommen überschaubar. So war ich gezwungen, Arbeitslosengeld II zu beantragen. Das war mir sehr peinlich, da mein Freund eigentlich aus einer reichen Familie stammte.

Mir wurde langsam alles zu viel. Da ich alles allein machen musste, Kind und Haushalt, wurde ich nicht mehr glücklich. Ich ging zur Diakonie und suchte psychologische Beratung. Nach einem Jahr Zusammenarbeit mit der Psychologin sah ich endlich ein, dass ich als alleinerziehende Mutter meinem Kind mehr bieten konnte, vor allem mehr Ruhe. Mein Partner betrieb inzwischen eine „Hobbygärtnerei" in unserer Wohnung und pflanzte für seine Kunden an.

Als mein Sohn zwei Jahre alt wurde, nahm ich all mein Mut zusammen und rief nach einem Streit mit meinem Freund die Polizei. Die Polizisten fanden in der Wohnung die Drogen und schickten meinen Partner weg. Er sollte bei seinen Eltern schlafen und uns in Ruhe lassen.

Ich begann einen Prozess vor dem Familiengericht, da ich das alleinige Sorgerecht für das Kind haben wollte. Das Gericht entschied zugunsten meines Partners, da für den Richter seine Drogensucht und der Drogenhandel nicht schlimm genug waren, um ihm deswegen das Sorgerecht zu entziehen.

Mit etwas Glück fand ich eine 3-Zimmerwohnung im Stadtzentrum, und mein Sohn und ich zogen mit Hilfe von meinen Freunden aus der 80qm-Wohnung in eine mit 50qm Wohnfläche um. In der Wohnung gab es nur einen Gasofen als Heizung und dieser stand im Wohnzimmer. Im Winter lag die Temperatur im Schlafzimmer bei nur 16 Grad Celsius, aber wir hatten endlich unsere Ruhe.

Ich organisierte für meinen Sohn einen Kindergartenplatz, dann kehrte ich zurück in die Arbeitswelt in meine alte Firma als Teilzeitkraft. Ich hasste es, von staatlicher Unterstützung leben zu müssen. Ich war nicht nur ehrgeizig, sondern ich dachte, solche Unterstützung hätten andere Familien dringender nötig. Familien, in denen zum Beispiel die Eltern nicht arbeiten können, da sie pflegebedürftige Kinder haben.

Als Alleinerziehende tat ich mein Bestes für meinen Sohn. Ich wusste, er konnte sich nur in einer liebevollen Umgebung weiterentwickeln. Ich investierte sehr viel Zeit, damit er unter diesen Umständen eine ausgeglichene Kindheit erleben durfte.

„Ich wusste, mein Kind konnte sich nur in einer liebevollen Umgebung weiterentwickeln."

Ein Jahr nach der Trennung vom Vater meines Sohnes lernte ich einen netten Mann kennen, der sofort bereit war, sich um mich und mein Kind zu kümmern. Wir verliebten uns und gründeten eine neue Familie. Aus dieser Liebe erwarten wir ein Baby und bereiten uns auf eine Alleingeburt vor.

Im Vergleich zur ersten Schwangerschaft habe ich die Vorsorgeuntersuchungen diesmal deutlich reduziert, von damals sechzehn auf nur mehr vier. Fürs Wochenbett arbeite ich mit einer Hebamme zusammen, die mich in der ersten sensiblen Zeit nach der Geburt entlasten wird. Ich habe gelernt, wie ich die Position meines Bauchbabys bestimmen kann, bin entspannt und freue mich auf die Geburt.

Gesänge der Seele – Mein Weg als (Lebens)Künstlerin

von Sylvia Kirchherr

Als Corina mich fragte, ob ich gern mit (m)einer Geschichte in ihrem Buch dabei sein möchte, war ich zuerst hellauf begeistert! Denn ich liebe es, andere zu inspirieren und selbst andere Formen des Lebens kennenzulernen.

Doch dann fingen meine eigenen inneren Fragen an: *Welche Geschichte aus meinem Leben möchte ich erzählen? Um was soll es wirklich gehen? Was ist gerade jetzt, an diesem Punkt meines Lebens wichtig, mitzuteilen?* Denn Geschichten gibt es aus meinem Leben ganz schön viele. Weil ich Sängerin bin. Und zwar eine, die das Reisen liebt, und die das Unterwegssein zu ihrer Lieblingsform des Lebens erkoren hat. Und eine, die immer noch neugierig auf Neues ist.

Obwohl mein Leben und ich, wenn ich mir die breite Masse da so ansehe, ganz schön anders und besonders sind, habe ich mich selbst nie so empfunden. Weder bei den Menschen, mit denen ich aufgewachsen bin, noch bei denen, die mir näher begegnet sind. Und doch, ganz tief innen drin, habe ich mich irgendwie trotzdem immer anders gefühlt als alle anderen um mich herum. Nicht passend, nicht in Form zu bringen oder so wirklich dazugehörig.

Was ich jedoch schon immer konnte, eigentlich seit ich ganz klein war, ist singen, und damit kamen die Menschen zu mir. Sobald ich einen Ton anschlug, wurde es zumeist still und ich berührte etwas ganz tief in ihren Herzen und Seelen. Viele fingen zu weinen an oder in sich zu gehen, berührt, bewegt und zutiefst aufgewühlt oder schlichtweg glücklich.

„Sobald ich einen Ton anschlug, wurde es zumeist still und ich berührte etwas ganz tief in ihren Herzen und Seelen.“

Das war schon immer meine Gabe, egal, was und welche Lieder ich sang. Und da ich mich selber beim Singen so glücklich fühlte, alles herauslassen oder ganz tief in mich selber fallen konnte, wusste ich schon ganz früh, dass ich genau das wollte: Sängerin werden, was auch immer das bedeutete.

Einfach auf der Bühne stehen und singen, aus ganzem Herzen, für andere.

Dass dieser Wunsch, Sängerin zu werden, keine Zukunft hatte, wurde mir in jungen Jahren ständig von allen anderen ganz deutlich nahegebracht. Außerdem war fraglos klar, dass ich, die dank Zureden meines Kunstlehrers doch noch zum Abi angetreten war, studieren gehen und was "Ordentliches" lernen sollte – denn damit stünden mir dann alle Türen offen, die Musik als Hobby weiterhin glücklich zu betreiben.

Erschwerend kam hinzu, dass es zu der Zeit, als ich mein Abi machte, leider nur die Ausbildung als Opernsängerin oder richtig teure Privatschulen gab, an denen ich mehr über Musik hätte lernen können. Beides war keine Option für mich.

So begann ich zu studieren, um einfach irgendwas zu machen. Kunstgeschichte, Germanistik und Sozialpädagogik, da ich mich nicht festlegen konnte und wollte und es mir verschiedene Möglichkeiten offen ließ. Ich schleppte mich ein dreiviertel Jahr durch alle Vorlesungen.

„Ich wusste, da ist eine Musik in mir, die heraus möchte und die meine ganz eigene ist."

Doch die Musik rief, und ich hatte neben dem Studium verschiedenste Projekte, bei denen ich ganz vielfältige Musikstile kennenlernte, mich ausprobieren und herausfinden konnte, was mir gefiel. Es waren tolle Sachen, von jiddischer Musik über ein Theater-Musical-Projekt bis hin zu zahlreichen Jazzbands. Aber tief in mir drin wusste ich: Das war es nicht. Auch die Musik aus meiner Schulzeit, selber geschriebene Songs, mit denen wir einen bundesweiten Wettbewerb und damit einen Plattenvertrag gewonnen hatten, war nicht das, was mich rief.

Im Gegenteil. Ich wusste, da ist eine Musik in mir, die heraus möchte und die meine ganz eigene ist. Sie war nicht zu fassen, nur so ein Gefühl und eine Gewissheit, dass sie da irgendwo ist. Ich muss dazu sagen, ich war Anfang zwanzig, war in einem relativ konservativen Elternhaus aufgewachsen und so was wie "auf´s Gefühl hören" war gar nicht angesagt.

Doch da gab es dieses Glück, das wirklich mein allergrößtes überhaupt war: Mit elf Jahren hatte ich nach einiger Zeit des Bettelns ein Pferd bekommen. Eine wunderbare Stute, die meine beste Freundin, Vertraute, Lehrerin und Weggefährtin wurde. Sie trug mich in all den Jahren – in jeder Hinsicht –, und lehrte mich, ganz aufmerksam und genau zu spüren und zu sehen, auf die kleinen Signale zu achten, immer feinfühliger zu werden in meiner Wahrnehmung und mir darin unbedingt zu vertrauen. Wenn es sie nicht gegeben hätte, wäre ich heute auf gar keinen Fall da, wo ich jetzt bin. Und ich bin mir absolut sicher, ich wäre an der Korrektheit dieser Welt, in der ich aufwuchs, irgendwie zerbrochen. Meine Stute gab mir inneren Halt und Wärme und ich fühlte mich tief in meiner Seele gesehen und verstanden.

Das trägt mich auch heute noch, obwohl sie vor vier Jahren als alte Dame einfach auf der Koppel umgefallen und gestorben ist. Ich vermisse sie noch immer, jeden einzelnen Tag, und doch weiß ich, dass wir auf ewig verbunden sind und sie in jedem meiner Lieder dabei ist. Sie hat mir dieses Gefühl geschenkt, mir selber zu vertrauen – und das stand damals, mit Anfang zwanzig, ganz schön auf dem Prüfstand.

Damals war mir sonnenklar, dass ich auf gar keinen Fall weiter studieren wollte. Ich wollte aber auch nicht so singen, wie es in dieser Zeit üblich war, auf Englisch oder Französisch, poppig und kommerziell. Ich wollte singen, ja, aber auf welche Art, davon hatte ich keine Ahnung. Ich spürte nur diese Musik in mir, die ich weder greifen noch in Worte fassen konnte. Es gab nur ein Gefühl, eine Ahnung, und ich wusste, dass es Zeit brauchte, bis sie an die Oberfläche kommen würde.

Es war niemand da, mit dem ich darüber sprechen konnte. Alle, die ich kannte, gingen einen sehr zielgerichteten Weg, fixiert auf einen Abschluss oder ein Zertifikat, mit dem sie zum nächsten eilen konnten.

Ich wusste nur, dass ich Raum und Zeit brauchte für meine Musik und für mich, und dass, wenn ich dem folgte, mit Sicherheit alle um mich herum anfangen würden durchzudrehen.

„Die Kargheit hat etwas Beruhigendes, etwas, das dich auf dich selbst zurückwirft und dir einen Weg nach innen bahnt."

So war es dann letztlich auch. Ich brach mein Studium ab und zog trotz aller Aufruhr nach Langeoog, einer kleinen, autofreien Nordseeinsel, die seit vielen Jahren bereits Teil meines Lebens war. Mein Seelenhafen in Landschaftsform. Dort blieb ich erst mal und arbeitete hart – den Großteil meines Tages – als Bedienung in einer Teestube am Hafen. Aber der Job gab mir den Freiraum, den ich brauchte, um stundenlang am Meer langzugehen, einfach mit mir zu sein, zu fotografieren, andere inspirierende Menschen zu sehen und in mich hinein zu lauschen. Diese Landschaft an der See lädt genau dazu ein: Die Kargheit hat etwas Beruhigendes, etwas, das dich auf dich selbst zurückwirft und dir einen Weg nach innen bahnt.

Da war ich, auf meiner liebsten Nordseeinsel. Mit nicht mehr als einem Gefühl, einer Ahnung in mir drin, und 1000 Fragen, die mir von Außen, von Familie und Freunden, permanent entgegen geschleudert wurden.

„Wie soll es denn weiter gehen?"

„Was möchtest du denn werden?"

„Welche Ausbildung, welches Studium stellst du dir denn vor?"

Alles Fragen, die mich letztlich ja auch selbst beschäftigten auf der rationalen Ebene und die da auch erst mal gar nicht zu beantworten waren. Das war nicht gerade erhebend, und ich fühlte mich mehr als überfordert damit. Mein bestes Gegenmittel war, einfach stundenlang nach der Arbeit am Strand langzugehen und die Leere in mich aufzunehmen, oder feiern zu gehen. In der einzigen (Dorf-)Disko auf der Insel wie wild abzutanzen, um aus dem Kopf zu bekommen, was da so herumgeisterte an Ideen von mir selbst.

Schließlich war ich knapp drei Jahre lang auf Langeoog, ohne dass ich Antworten auf all diese Fragen bekommen hätte. Ohne einen Hauch von Gewissheit, dass es stimmte, dieses Gefühl. Das war hart, und auf eine Art war ich einfach am Ende von allen Diskussionen um und über mich, vor allem mit mir selbst.

Und doch war alles da, kaum zu greifen in mir. Ganz paradox.

„Ich fühlte mich allmählich hilflos, vielleicht ein bisschen irre im Kopf oder einfach nur schräg."

Ich spürte, die Zeit war mehr als reif, aber ich wusste nicht wirklich, wie ich einfangen konnte, was ich ahnte und wahrnahm wie einen Schatten oder eine bessere Version von mir selbst. Ich fühlte mich allmählich hilflos, vielleicht ein bisschen irre im Kopf oder einfach nur schräg, und gab mir noch ein halbes Jahr auf der Insel.

Und wirklich, kurz nach diesem Entschluss passierte es. Ich erinnere mich noch, als sei es eben erst geschehen:

Ich machte mich mit meiner Kamera mal wieder auf den Weg zum Strand. Es war diesig. Der Nebel kam von der Seeseite über das Land und es war klamm, die Feuchtigkeit kroch einem in diesem Herbst direkt in die Knochen und lies einen so richtig von innen heraus frieren. Doch das Meer rief, und ich kämpfte mich über die Dünen, stieg hinab zum Strand, blickte auf die aufgewühlte See.

Auf einmal stieg aus meinem Inneren eine Melodie herauf. Wie aus dem Nichts. Ein Gesang in einer unbekannten und gleichzeitig ganz und gar vertrauten Sprache, die eher einer Phantasiesprache glich, anders als alles, was ich kannte. Und doch verstand ich jedes Wort.

„Auf einmal stieg aus meinem Inneren
eine Melodie herauf.“

Ich begann zu singen, meine Stimme wurde immer stärker und kraftvoller und ich fühlte mich wie im allergrößten Glück! Es war ein durch und durch absolut erhebender Moment. Das war es, worauf ich gewartet hatte, genau DAS war MEINE Musik! Sie kam von ganz tief unten aus meiner Seele herauf zu mir.

Es war wie im Film. Ich stand total ergriffen da an diesem menschenleeren Strand, heulte wie ein Schlosshund, lachte zugleich und es sang mit aller Macht wie durch mich hindurch.

Und als wären solch intensive Gefühle nicht schon genug, tauchte aus dem Nebel vor mir ein Schwan auf, flog direkt auf mich zu und über mich hinweg, wie ein Zeichen aus einer anderen Welt. Ich hatte zuvor noch nie einen Schwan auf der Insel gesehen, der im Übrigen genauso schnell wieder im Nebel hinter mir verschwand wie er gekommen war. Ich blieb fassungslos zurück.

Es war nur dieses eine Lied. Nur dieser eine Moment. Aber er veränderte mein Leben von Grund auf, so kitschig es klingt. Rückblickend erkenne ich, dass ihn viele einzelne Augenblicke vorbereitet hatten. Dass meine Stute und mein Opa, die beide an mich glaubten, den Grundstein dafür gelegt hatten, dass ich irgendwie an mich selbst glauben konnte. Und an diesen Weg. Aber dieser eine Moment stellte die Weichen, weil ich spürte, sah und hörte, um was es wirklich für mich ging. Dieser Moment drehte etwas unwiderruflich.

„Heute, mit 42, lebe ich seit über 13 Jahren nur von der Musik."

Seitdem hatte ich viele, viele Lieder und Gesänge in mir und sang sie in Konzerten oder Einzelstunden für die, die sie hören wollten. Aber keines war jemals mehr so intensiv wie dieses eine am Rande des Nordmeeres, an dem ich gestanden war mit nichts anderem als meinem Traum und einem Hoffnungsschimmer in der Hand. Es war MEIN Lied, nur für mich. Und auch wenn es noch eine Weile dauerte, bis alles ganz und gar auf den Weg kam und ich auch wirklich anfing Konzerte zu geben, es war dieser Augenblick, in dem der Stein ins Rollen kam. Unaufhaltsam und stark.

Denn ab da hatte ich Gewissheit.

Heute, mit 42, lebe ich seit über 13 Jahren nur von der Musik. Entgegen allen Unkenrufen, Neidern, Skeptikern und Schlechtrednern habe ich es geschafft. Ich bin meine eigene Chefin und selbständig. Ich habe es geschafft, mir mein Leben so zu kreieren, wie es mir gefällt:

Ich reise mit meinen ganz eigenen Liedern, Gesängen und Improvisationen auf Spanisch, in meiner eigenen Sprache und bayrisch-gejodeltem Volksgut im Wohnmobil umher. Von Konzert zu Konzert, gebe Workshops zum Vertrauen in die eigene Stimme, zum sich ausdrücken, trauen und damit spielen. Ich habe es geschafft, dass ich mitten in Deutschland meinen 11-jährigen Sohn selber unterrichten kann. Ganz offiziell, so dass wir uns deshalb nicht verstecken müssen und die Freiheit haben, so viel und wann immer wir wollen reisen zu können.

Ich sah viele Länder dieser Welt, lebte längere Zeit in ihnen, vor allem in spanischsprachigen Gebieten, lernte die Menschen dort und ihre einzigartigen Kulturen, Gebräuche und Alltäglichkeiten kennen. Ich überquerte zweimal als Mitseglerin den Atlantik, das letzte Mal sogar gemeinsam mit meinem Sohn und unseren Freunden (Corina und ihrer Familie) an Bord ihrer wunderbaren Segelyacht. Jedes Mal sah ich Wale und Delfine. Auf der ersten Überfahrt schwamm ich mitten auf dem Atlantik neben unserem Zweimaster, mit mehr als 4000m Wasser unter mir und überlebte ein paar Tage später einen heftigen Sturm mit 12 Meter-Wellen, psychisch und körperlich.

Anschließend an meine erste Atlantiküberquerung war ich drei Monate lang jeden Tag in einer Nussschale auf See, um die Buckelwale vor der Dominikanischen Republik zu observieren. Ich bestaunte und fotografierte ihre Jungen und die

Machtkämpfe der Bullen und katalogisierte die Bilder und Beschreibungen.

Ich kenne die Freuden und Abgründe des Lebens am und auf dem Berg, lebte einige Monate allein in einer Berghütte und überquerte zu Fuß die Alpen. Ich war lange Zeit mit einem Survivalexperten zusammen und verbrachte viele Jahre unmittelbar in der wildesten Natur, mit nicht mehr Ausrüstungsgegenständen als denen, die in einen kleinen Rucksack hineinpassen.

In jungen Jahren kaufte ich einen uralten, wunderschönen Zirkuswagen, baute ihn mir selbst aus und lebte so autark, wie ich es mir in meinen kühnsten Träumen immer schon vorgestellt hatte. Mit Freiluft-Dusche, Außenküche und allem, was dazu gehört.

„Ich sah und erlebte solch eine Vielfalt an Lebensweisen, dass in mir die Gewissheit keimte, dass es mehr als einen richtigen Weg auf dieser Erde gab."

Kurz nach der Geburt meines Sohnes in einer Jurte am Fuße der Berge Bayerns packte ich all unsere Sachen und fuhr alleine mit ihm und unserer Hündin in unserem Bus durch ganz Europa. Von Ungarn bis auf die Kanaren, wobei ich mit ihm gemeinsam solch eine Vielfalt an Lebensweisen sah und erlebte, dass in mir die Gewissheit keimte, dass es mehr als einen richtigen Weg auf dieser Erde gibt.

All diese Erfahrungen lasse ich bewusst und unbewusst in meine Kunst einfließen. Sie prägen und formen sie, sodass die Gesänge unsere Geschichte in Tönen und Worten weitererzählt, einer Bardin gleich, die früher durch die mittelalterlichen Lande zog.

Jedoch berichten meine Lieder nicht nur von diesen Reisen und Erfahrungen durch unsere sicht- und greifbare Welt, sondern vor allem auch von meinen inneren Reisen, die Hand in Hand mit meinem Leben da draußen gehen. Von den Erlebnissen, Erfahrungen, Berührungen und Herausforderungen, die da auf einen warten. Von den Momenten, in denen man sich aufgehoben fühlt, und jenen, in denen man sich verliert. Sie erzählen von meinen Zweifeln, von den Dingen, die es in mir selbst zu lösen gab, von meiner Glückseligkeit, von meinen Hoffnungen und Träumen.

Mit meinen Liedern, Geschichten und geteilten Erfahrungen möchte ich Mut machen sich hinzugeben an das eigene Innere, genau hinzuspüren, um sich von der eigenen Weisheit leiten zu lassen und dem zu folgen, was man selbst für richtig und wichtig befindet, selbst wenn es vielleicht keiner einzigen Konvention zuträglich ist, die man so kennt.

Daraus ergab sich zumindest für mich ein ganz eigener Weg. Einer, der genauso eigenwillig und bunt und kurvig ist wie ich selbst. Und doch wiederum ganz und gar gradlinig. Denn ich bin eigentlich einfach nur der Spur gefolgt, die meine eigene Seele für mich gelegt hat – so gut ich es eben immer gerade konnte. Entfaltet hat sich mein Weg dadurch letztlich wie von selbst.

> *„Daraus ergab sich zumindest für mich ein ganz eigener Weg. Einer, der genauso eigenwillig und bunt und kurvig ist wie ich selbst."*

Es ist mein eigenes Leben daraus geworden, ganz handgestrickt, ganz kraftvoll, ganz anders(artig) und ganz und gar dann doch wieder mutig, obwohl ich mich nie als besonders mutig empfunden habe. Ich wurde oft gefragt, woher ich ihn nahm, diesen Mut, in einer Welt, die so viel Wert auf *richtig* legt, so viel zu wagen, alleine (und) unterwegs als Frau, Mutter und Künstlerin. Diese Frage stellte sich mir eigentümlicherweise nie. Ich ging einfach meinen Weg. Immer dieser inneren Stimme nach.

Ich hatte genauso viele Zweifel, Ängste und Bedenken, genauso viele Hindernisse und Befürchtungen in mir drin wie wir alle. Aber ich glaube, der Schlüssel dazu war von Anfang an, dass ich

mir Zeit genommen habe, mich mit mir selbst auseinanderzusetzen. Mich bei den inneren Knack-
punkten hinzusetzen und mir genau anzusehen,
wovor ich gerade Angst hatte. Manchmal half es
auch, einfach eine Weile – manchmal Stunden,
manchmal Wochen – ganz bewusst mit ihr zu sein
und nicht vor dem gruseligen Antlitz der Furcht
davonzurennen. Manchmal war die Furcht so groß,
dass ich sie da ließ, wo sie war, und einem anderen
Weg folgte. Doch das Leben brachte mich immer
wieder an denselben Ausgangspunkt zurück, nur
dass es mir mit etwas mehr Erfahrung und Zeit im
Gepäck dann auch zumeist leichter fiel, damit
umzugehen und eine Entscheidung zu meinen
Gunsten zu fällen.

„Manchmal war die Furcht so groß, dass
ich sie da ließ, wo sie war, und einem
anderen Weg folgte."

So gab es immer wieder aufs Neue diesen Punkt,
an dem mein Mut, meine Neugier und Entschlos-
senheit ein bisschen größer waren als die Furcht.
Diesen Moment nutzte ich, packte meinen Krem-
pel oder meinen Bus und folgte diesem Ruf!
Zumeist war er voller Freude und bestand vor
allem aus Glück, aber die andere Seite gab es eben
auch. Ich denke, dass wir sie alle kennen, nur geht

jeder etwas anders mit ihr um. Für mich war diese andere Seite essentiell, und im Rückblick bin ich dankbar, denn im Grunde verdanke ich ihr mein Durchhaltevermögen und meine große Kraft. So ergab sich wie von Zauberhand ein Weg, den kein Geschichtenschreiber hätte besser hinbekommen können.

Das Verrückte ist, dass ich es, abgesehen von den inneren Auseinandersetzungen, die dieser Weg unbedingt und ganz essentiell braucht, leicht fand, ihm zu folgen. Wenn man auf das innere Gefühl vertraut, geht sich der Weg fast wie von selbst. Denn im Grunde folgt man ja nur seiner eigenen Freude damit! Es klingt so unbedarft, und das ist es ja auch: denn eigentlich stehen wir uns ja meist eh nur selbst im Weg, und damit haben wir es ja wiederum selbst in der Hand die Blockaden zu lösen.

Ich fand es leicht, von meiner Musik zu leben. Ich machte mir niemals Gedanken darüber, dass es finanziell nicht reichen könnte, obwohl ich nichts auf der Seite hatte oder irgendein dickes Erbe im Hintergrund, sondern einfach nur das, was ich gerade bei meinen Konzerten, Workshops oder viele Jahre lang bei der Straßenmusik verdiente.

Selbst, als ich Mama von meinem wunderbaren Sohn wurde, hatte ich nie Existenzangst, obwohl sein Vater keinen einzigen Cent dazu gab und das bisschen Unterhaltsgeld, das der Staat bis zu seinem sechsten Lebensjahr ausbezahlte, den Braten nun wirklich auch nicht fett machte. Als alleiner-

ziehende Mutter hätte ich in unserem Staat so kli-
scheehaft eine derer sein müssen, die völlig fertig
irgendwo abgearbeitet und übermüdet mit Geldsor-
gen in der Ecke hing und froh war, wenn der Tag
um war und sie schlafen gehen konnte. So zumindest klang das, was ich immer wieder als ungläubi-
ge Antwort auf mein Leben zu hören bekam.

Stattdessen fand ich es leicht, Mutter zu sein.
Und es machte mir sogar Spaß. Es fiel mir leicht,
mit meinem Sohn rund um die Uhr zusammen zu
sein, die meiste Zeit im Wohnmobil zu leben, in
anderen Ländern unterwegs zu sein, allein mit meiner Kunst unser Geld zu verdienen und vor allem
ganz auf mich allein gestellt zu sein. Alle
Entscheidungen allein zu treffen. Für mich, uns
und unser Leben selbst einzustehen. Für uns selbst
zu sorgen, ohne je von jemandem oder etwas
abhängig zu sein. Kurz: Unabhängig zu sein.

Das alles fällt mir leicht, weil ich meiner inneren
Stimme vertraue. Und auch, wenn sie mir immer
wieder mal abhanden kommt: Im Grunde weiß ich,
tief in mir drin ist sie da. Und genau diesen Glauben an dich selbst wünsche ich dir auch!

Denn manchmal glaube ich, dass es noch nicht
mal meine Stimme ist oder meine Lieder oder die
Lebens-Geschichten, die ich in meine Konzerte mit
hineinwebe. Manchmal denke ich, dass es diese
Gewissheit ist, verbunden zu sein mit etwas, das
Größer ist als wir selbst. Dass dieses Etwas durch

mich und durch uns alle hindurch wirkt und Hoffnung gibt.

Aber mal ganz ehrlich: Egal was es ist, für mich zählt, dass ich mit meinem Sohn ein glückliches und ganz erfülltes Leben nach unseren Vorstellungen leben kann. Wenn ich damit auch noch Kreise ziehe und andere anstecke und inspiriere, macht mich das mehr als glücklich! Wenn ich sehe, wie sich der Funke ausbreitet, von einem zum anderen, dann weiß ich, dass es das alles wert ist. Und das ist, was zählt.

Mehr von Sylvia Kirchherr auf www.viva-lavida.de.

Dank

Mein herzlicher Dank geht an alle Frauen, die mir hier ihre Geschichten zur Verfügung gestellt haben! Ich habe sie über facebook, e-mail oder in Form von Sprachnachrichten auf What'sApp erhalten und durfte euch auf diese Weise ein wenig kennenlernen.

Gerlinde, Alina, ihr beiden Jessicas, Anna, Manuela, Olivia, ihr beiden Maries, Cornelia, Karin, Saskia, Uta und Sylvia: Die Zusammenarbeit mit euch hat mir nicht nur Freude bereitet, sondern mich auf besondere Weise beglückt. Während das Autorinnen-Dasein üblicherweise eine eher einsame Sache ist, habe ich mich in diesem Projekt von euch begleitet und mit euch verbunden gefühlt. Der stetige Austausch, das Hin- und Herschicken der Texte, das Diskutieren von Klappentext und Cover habe ich als äußerst bereichernd empfunden. Dafür danke ich euch ganz herzlich!

Ein besonderer Dank geht an Christine Fischer für die wundervolle Gestaltung des Covers! Mit viel Geduld hast du meine Änderungswünsche immer und immer wieder aufs Neue umgesetzt.

Danke Gabriele-Saskia Drungowski fürs Plaudern von Autorin zu Autorin und den Austausch über die Titelfrage.

Ich wünsche uns allen, dass unsere Geschichten viele Frauen auf ihrem ganz persönlichen Lebensweg begleiten mögen – und dass wir uns selbst in alle Zukunft treu bleiben werden.

Bücher unserer Autorinnen

Als die junge Journalistin Andrea von der berühmten Schriftstellerin Tabea MacLean zu einem Interview auf ihre Berghütte eingeladen wird, ahnt sie nicht, dass diese Begegnung ihr Leben verändern wird.

Tabea besitzt die Gabe, Lebensweisheit und universelle Gesetze leicht verständlich und auf humorvolle Art zu vermitteln. Verwoben in ihre außergewöhnliche Lebensgeschichte macht Tabea Zusammenhänge bewusst! Durch das Begreifen, dass es keinen Zufall im Leben gibt und dass ein Sinn nur dann auszumachen ist, wenn man zuallererst sich selbst erkennt, findet die Schriftstellerin ihren Weg zum unfassbaren Glück. Tabea lässt die junge Frau an ihrem reichen, spirituellen Erfahrungsschatz teilhaben und legt somit die Grundlage dafür, dass Selbstverantwortung und Bewusstheit in Andreas Leben Einzug halten.

Die Essenz dieses Buches, das eine Art Brückenschlag zwischen spirituellem Handbuch und Roman darstellt, lautet: Bewusstheit ist der Schlüssel, Dankbarkeit der Motor und Liebe das Ziel!

Gabriele-Saskia Drungowski; **Mein Leben auf der Seife**; 2008, tredition: Hamburg.

Als die Autorin Gabriele-Saskia Drungowski von einer sehr beglückenden Lesetour zurück nach Hause kommt, fühlt sie in sich eine tiefe Traurigkeit. Sie beschließt, diese mit ihren eigenen Mitteln zu erforschen. Deshalb begibt sie sich mithilfe ihrer Meditations-CD in den Raum der Möglichkeiten, eine von ihr erfundene Tiefentrance, in der man seine inneren Räume erkunden kann.

Zu ihrem größten Erstaunen erwacht sie völlig real in dieser inneren Welt. Sie lernt Erstaunliches über die Zeit, das Jetzt und über ihre alten, immer wiederkehrenden Muster, über das Glück und ihren Lebensplan. Sie taucht ein in eine unsagbare Welt der Fantasie. Sie begreift die Zusammenhänge ihres Lebens und darf dort viele Möglichkeiten und vollkommen neue Perspektiven ergründen.

Lassen Sie sich verzaubern von einer fantastischen, abenteuerlichen Geschichte, die uns in die Tiefen unserer Seele und in die Mysterien unserer Existenz entführt.

Die persönlichste und zauberhafteste Geschichte, die Gabriele~Saskia Drungowski je geschrieben hat.

Gabriele-Saskia Drungowski; **Im Raum der Möglichkeiten;** 2016, tredition: Hamburg.

Gabriele ~ Saskia Drungowski

Das Beste für dich

Der Weg vom Unbewussten
zum Bewussten

Wer etwas in dieser Welt verändern möchte, muss zuerst bei sich selbst anfangen. Wenn wir die Verantwortung für unser Tun, Handeln und unsere Emotionen übernehmen, wird dies wunderbare Veränderungen mit sich bringen. Der Weg dorthin führt von innen nach außen, aus uns selbst heraus geschieht die Veränderung. Gabriele-Saskia Drungowski öffnet mit diesem Buch die Tür zu unseren innersten Räumen. In diesen Räumen erfahren wir Erstaunliches über uns selbst, unsere Beziehungen und unsere gewählte Familie. Durch dieses Wissen werden wir in die Lage versetzt, uns selbst wahrhaft zu erkennen. Wir verstehen, dass wir selbst verantwortlich für unser Leben sind, und mit diesem Verständnis können wir nicht nur unser eigenes Leben in die Hand nehmen, sondern auch die Welt verändern. Die praktischen Anleitungen und abwechslungsreichen Übungen und Meditationen in diesem Buch unterstützten uns Schritt für Schritt, zu begreifen, wer wir eigentlich sind. Mit diesem Wissen stehen wir am Anfang einer ungeahnt tiefen Bewusstheit, die alles umfasst, was wir für unser Leben und unsere eigenen Weg benötigen. Es ist Zeit zu beginnen.

Gabriele-Saskia Drungowski: **Das Beste für dich**; 2018, Silberschnur-Verlag: Güllesheim.

In dem Buch erzähle ich dir meine atemberaubende Geschichte mit Gott. Ich nehme dich mit auf die spannende Reise von meiner schrecklichen Gewalt geprägten Kindheit, über eine kurze Teenager Phase, die mit der Schwangerschaft meines ersten Kindes enden musste, zu meinem vermeintlichen "Mr. Right", der sich zu meinen persönlichen Alptraum entwickelte. Dieser Beziehung entkam ich nur knapp mit meinem Leben.

Auf der Suche nach Antworten wendete ich mich an Gott und lernte Jesus in einer Gemeinde kennen. Auf meinem Weg mit Jesus überwand ich nicht nur meine posttraumatische Belastungsstörung und alle meine Süchte, unter denen ich litt, sondern ich bekam ein völlig neues Leben.

Heute führe ich ein freies und glückliches Leben gemeinsam mit meiner Familie und helfe durch meine Coaching-Tätigkeit Frauen, in ihre wahre Stärke zu kommen und ihre gottgegebene Berufung zu finden.

Das Buch enthält zusätzlich ein Bonus Workbook.

Jessica Verfürth: **Gottes Handschrift in meinem Leben**; 2018, BoD: Norderstedt.

Jo Heller, Anfang Dreißig, Mittelschullehrerin, schwanger, führt ein bequemes Leben an der Seite des erfolgreichen Rechtsanwaltes Patrick Wilbert.

Bis sie sich eines Morgens in einer Schlägerei für den Obdachlosen Marc einsetzt. Sie findet sich im Krankenhaus wieder, während Marc trotz ernster Verletzungen verschwunden ist. Sie macht sich auf die Suche nach ihm, um ihm zu helfen und weil sein Schweigen sie berührt hat. Dabei gerät sie immer tiefer in die Obdachlosenszene hinein und freundet sich mit Menschen an, die täglich ums Überleben kämpfen.

Als Patrick davon erfährt, fürchtet er um den Ruf seiner Kanzlei und versucht ihr den Kontakt zu den Obdachlosen zu verbieten. Jo trifft eine Entscheidung – und merkt, dass nichts so ist, wie es scheint.

Corina Lendfers; **Schlaglöcher**; 2018, BoD: Nordersted.

Die Frau im Bus
Corina Lendfers

Tabea flieht aus ihrem Leben als Marketingfachfrau und reist in einem Kleinbus durch Europa. In einer abgelegenen Bucht im Süden Portugals bricht nicht nur ihr Abgasrohr und das Gas zum Kochen geht aus, sondern sie schließt auch neue Freundschaften.

Zwischen Meer und Klippen, Sand und Salz, Sturm und brütender Hitze wird ihre Liebe zum Schauspieler Paolo, der in München zurückgeblieben ist, auf eine harte Probe gestellt. Denn das Leben auf der Straße folgt eigenen Gesetzen, und auf die Frau allein im Bus wartet mehr als die erhoffte Freiheit. Und auch die Vergangenheit ist nicht so fern, wie Tabea es gerne hätte.

Ein Roman voller Sehnsucht, Erotik, Nähe und dem unwiderstehlichen Duft nach Freiheit.

Corina Lendfers; **Die Frau im Bus**; 2018, BoD:
  Norderstedt.

Tina hat ihr Baby im siebten Schwangerschaftsmonat verloren. Sie flieht vor dem eigenen Schmerz, der Trauer ihres Freundes Alexander und den Selbstvorwürfen in die Almhütte ihrer Großeltern. Sie hofft, in der Abgeschiedenheit den Verlust ihres Kindes überwinden und ein neues Leben beginnen zu können.

Ihr Plan scheint aufzugehen – bis Riccardo auftaucht. Ein extrovertierter Extremsportler, der die friedliche Idylle in der Blockhütte gefährdet.

Corina Lendfers; **Barfuss im Schnee**; 2017, BoD: Nordersted.

Seit ihr Freund sie vor sechs Monaten verlassen hat, sitzt Kim mit ihrem Segelboot auf den Kapverdischen Inseln in Afrika fest. Über einsame Stunden tröstet sie sich mit dem Einhandsegler Günter hinweg, der aber nicht bereit ist, sie auf ihrem Weg in die Karibik zu begleiten. Als Philipp im Hafen auftaucht, schöpft Kim neue Hoffnung auf einen Mitsegler.

Doch der ängstliche Universitätsprofessor hat andere Pläne. Von seinem Bruder Herbert hat er ein Segelboot geerbt, das er so rasch wie möglich wieder loswerden will. Er merkt jedoch bald, dass er es in Afrika nicht verkaufen kann. Zu allem Übel taucht auch noch Herberts achtzehnjährige Tochter Billy bei ihm auf, die sich fest vorgenommen hat, die Verkaufspläne ihres Onkels zu durchkreuzen.

Als Philipp Kim dazu überredet, die Yacht nach Spanien zu den Kanaren zu segeln, begeben sie sich auf eine gefährliche Reise, auf der Wind und Wellen nicht unbedingt die größte Herausforderung darstellen.

Corina Lendfers; **Das stille Lied des Sturms**; 2017, BoD: Nordersted.

Eine autobiographische Erzählung über die ersten beiden Jahre unserer Segelreise. Auszug aus dem Klappentext des Verlags:

Unkonventionell, experimentierfreudig, fröhlich und bunt: eine Blauwasserfamilie der besonderen Art!

Ein Schweizer Paar mit fünf Kindern (und dem Bordhund Guia) lebt seinen unorthodoxen Traum und zieht nach Portugal auf sein Segelschiff. Ein neues Leben auf 42m². Auch wenn Michael immer mal wieder zum Geldverdienen zurück in die Schweiz muss und Corina sich währenddessen darum kümmert, dass an Bord alles läuft und funktioniert – inklusive Erziehung der Zwei- bis Neunjährigen. Gemeinsam lassen sie sich selbst dann nicht unterkriegen, als sie 22 (!) Löcher im alten Stahlrumpf, den sie ihr Zuhause nennen, entdecken.

Corina Lendfers; **Vierzig Fuss für vierzehn Füsse** – Familienleben unter Segeln; 2017, Delius Klasing Verlag: Bielefeld.

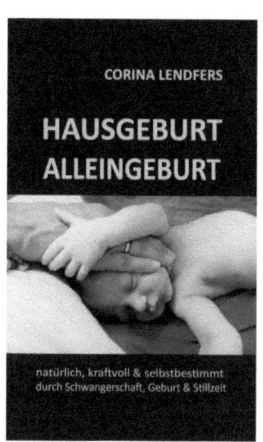

Schwangerschaft, Geburt und Stillzeit sind Naturwunder, die ihren eigenen, Jahrtausende alten bewährten Gesetzmäßigkeiten folgen. Es gibt nur einen geeigneten Weg, damit richtig umzugehen: loslassen, geschehen lassen, vertrauen. Dieser Ratgeber zeigt den Weg dorthin auf, den Weg durch eine natürliche, selbstbestimmte Schwangerschaft, eine kraftvolle Geburt und eine harmonische Stillzeit.

Corina Lendfers hat sechs Kinder zuhause geboren, eines davon alleine auf ihrem Segelschiff. Im Zentrum ihres Buches steht die Hausgeburt mit der Spezialsituation der Alleingeburt. Entscheidungsgrundlagen für oder gegen eine Hausgeburt/ Alleingeburt werden ausführlich erläutert, ebenso die praktische Vorbereitung und Durchführung sowie einige elementare Aspekte im Umgang mit dem Neugeborenen wie Stillen, Schlafen, Tragen, Babymassage.

Corina Lendfers; **Hausgeburt-Alleingeburt** – natürlich, kraftvoll & selbstbestimmt durch Schwangerschaft, Geburt & Stillzeit; 2014, BoD: Nordersted.

CDs unserer Autorinnen

MEDITATIONS – CD: Raum der Möglichkeiten
Die Meditation zum Buch von Gabriele-Saskia Drungowski

Diese CD begleitet Sie auf eine Reise in den Raum IHRER Möglichkeiten. Liebevoll gesprochen und von sanften Klängen begleitet, geht dieser Weg von Innen nach Außen, nicht umgekehrt. Weg von der Theorie hin zur eigenen Erfahrung. Sich selbst kennenlernen und dabei begreifen, dass wir nichts anderes benötigen auf dieser Welt, als das, was wir in uns tragen. Authentisch sein! Der eigene Schöpfer sein! Neue Perspektiven schaffen! Seien Sie die Veränderung, die Sie in dieser Welt haben wollen! Ein Reiseführer in die großartige innere Welt!

ISBN 978-3-00-042578-3
Bestellung über: gsd@lebensmosaik.de und über
www.amazon.de

Sylvia Kirchherr: **WILDFANG**

Dieses Doppel-CD-Wunderpaket ist für alle Liebhaber zauberhaft schöner Weltmusik und diejenigen, die authentisch und kraftvoll trotz aller Zweifel den eigenen Weg beschreiten und in die Welt bringen wollen. Die Gesänge und Lieder sind für alle, die sich bewegen, berühren und auf eine innere Reise mitnehmen, sich entführen und verzaubern, verlocken und erfreuen lassen möchten. Zwei CDs voller Musik, die direkt und unmittelbar aus dem Augenblick entsteht und sich daraus Stück für Stück entfaltet.

- Mal an archaisch-schamanische Gesänge oder Joiks erinnernd,
- dann wieder lebensfroh besungene Weisen, gejodelt und auf Spanisch,
- zumeist von Akkordeon, Gitarren, Hangs, Kontrabass und verschiedenen Percussionsinstrumenten begleitet.

So entsteht durch uns vier Musiker eine Musik, die sich fließend durch alle Welten bewegt und sie zutiefst zu verbinden vermag. Unsere Spiel- und Improvisationsfreude eröffnet dabei einen unfassbar wunderschönen Raum, der Klangteppiche aus dem Moment heraus mitten in unseren Alltag hineinwebt und eine Sehnsucht nach soviel „Mehr" hinterlässt.

Bestellbar auf www.viva-lavida.de